Zu diesem Buch

Dies ist die berührende und wechselvolle Geschichte einer Frau, die neun Jahrzehnte unseres Jahrhunderts erlebt und durchlitten hat. In Rußland geboren, verbrachte sie ihre Kindheit in Galizien, lebte als junge Frau in Wien, bis sie nach England emigrierte. Ihre Geschichte zeichnet ein plastisches Bild des jüdischen Alltags im Osteuropa der Jahrhundertwende und untersucht die historischen Bedingungen von wiederholter Flucht, Emigration und neuer Existenz.

Die Geschichte dieses bewegten Lebens wurde anhand zahlreicher Interviewgespräche von ihrer Enkelin Helen Liesl Krag, die als Slawistin und Minderheitenforscherin an der Universität Kopenhagen tätig ist, aufgezeichnet. Ergänzt durch historische, soziale und kulturelle Kommentare stellt das Buch einen Beitrag zur Minderheiten-, Migrations- und Frauengeschichte dar.

Helen Liesl Krag

«Man hat nicht gebraucht keine Reisegesellschaft ...»

Eine Lebensgeschichte

Rowohlt

Veröffentlicht im Rowohlt Taschenbuch Verlag
GmbH, Reinbek bei Hamburg, November 1996

Umschlaggestaltung Susanne Heeder
(Foto: Ullstein Bilderdienst, Alex Stöcker)
Satz Frutiger und Sabon (Linotronic 500)
Gesamtherstellung Clausen & Bosse, Leck
Printed in Germany
1290-ISBN 3 499 13962 6

Ich widme dieses Buch
meiner Großmutter Ella Schapira,
aus deren Erzählungen es entstanden ist.

Sie hat mir
in vielen Stunden des Zusammenseins
ihre Geschichten, ihre Geschichte
und damit Geschichte
zum Geschenk gemacht.

Inhaltsverzeichnis

Meine Oma und ich

Nur die Kinder erinnern sich

Ich möchte ein Buch über meine Großmutter schreiben. Über meine Wiener Großmutter, die aus Rußland stammt und in England wohnt. Ich möchte sie über ihr Leben befragen, weil mir plötzlich bewußt wird, wie selbstverständlich Frauen ihrer Generation die Geschichte erlebt haben. Wahrscheinlich war sie in ihrer Generation, in ihrem Milieu eine ganz gewöhnliche Frau.

Eine ganz gewöhnliche Großmutter, wie wir sie aus Bilderbüchern kennen, war sie für uns Kinder nie. Nie saß sie geduldig im Lehnstuhl, um uns aus Märchenbüchern vorzulesen oder von vergangenen Tagen zu erzählen. Dazu war sie immer viel zu beschäftigt – mit ihrer Schneiderei und mit unserer Zukunft.

Diese Frau hat Unglaubliches erlebt: Dreimal hat sie ihre Heimat und ihre Familie verlassen, um an neuem Ort von vorne wieder anzufangen; in vier Ländern hat sie gelebt, mit vier Sprachen und vier Behörden. Dabei hat sie nie aufgehört, an die Zukunft zu glauben. Sie widerspricht so nicht nur dem Typus der Großmutter aus dem Bilderbuch, sie widerspricht auch allen unseren Typenvorstellungen einer Frau von damals, stellen wir uns doch gerne die Frauen, die vor uns lebten, als an den Herd gezwungene, unterdrückte Geschöpfe vor, die wir, die Kinder der Nachkriegszeit, erst von diesem Joch befreien mußten.

So ist meine Großmutter ein Widerspruch in der Geschichte, ebenso wie sie auch eine Bestätigung der Geschichte ist.

In meinem Bewußtsein war meine Großmutter immer nur eine typisch österreichische Frau, die einst aus der Provinz in die Hauptstadt kam und später durch die Wirren der Geschichte aus der Heimat getrieben wurde. Vor ihr war gleichsam gar nichts. Nicht ein einziges Mal hat sie von ihrer eigenen Kindheit gesprochen, nie von ihren Eltern, ihrer Schwester, ihrem Hintergrund. Das war so ihre Lebensphilosophie: Von der Vergangenheit braucht man nicht zu sprechen, die ist ja vorbei. Nein, an die Zukunft muß man denken!

Erst heute, als Neunzigerin, erkennt sie, daß es für sie selbst keine

Zukunft mehr gibt, und genießt ohne Bedauern, ohne Hektik jeden Tag, der ihr beschert ist. Sie wohnt allein in ihrem bescheidenen Reihenhäuschen am Stadtrand von London, hat ihren wenigen Besitz an die Kinder verteilt, damit diese nicht ungeduldig auf ihr Ableben warten sollen. So lebt sie geplant und geregelt ihr Leben. Jeder Tag ein Anruf von der Tochter, jede Woche vom Sohn, jeden Monat vom Enkel. An jedem Sonntag kocht sie für die nächste Woche vor, immer das gleiche. Fünf Hühnerkeulen gekocht, das ergibt täglich ein Süppchen, etwas Fleisch und Gemüse – das bekommt dem Magen. «Ich weiß nicht, was ich tun würde, wenn ich Schmerzen hätte. Ich vertrage keine Schmerzen. Deshalb bin ich sehr vorsichtig mit dem Essen. Wenn ich etwas ausprobiert habe, was mir guttut, esse ich immer das gleiche», erklärt sie. Wozu also experimentieren? Samstags ißt sie auswärts bei Verwandten, sonntags fastet sie – auch das tut gut, sagt die Erfahrung.

Sie sieht kaum noch, ist auch nicht gut auf den Beinen. Aber solange der Kopf noch funktioniert, will sie in ihrem Häuschen ihr eigenes Leben nach ihrem eigenen Willen leben. Sie ist zu alt, um sich noch umzustellen, meint sie. Deshalb klettert sie allabendlich zur Schlafenszeit in den ersten Stock hinauf und vollzieht ihr durch Jahrzehnte erprobtes Ritual mit Körperpflege, Gesichtspflege und Nachrichten hören.

«Ach Gott, hab ich a langes Leben!» sagt sie in dem Deutsch, das trotz aller Wirrnisse ihres Lebens auch heute noch die Sprache ist, die ihr am leichtesten kommt – ein Deutsch, das aber auch ihre persönliche Geschichte widerspiegelt und in Grammatik und Wortschatz immer wieder ihre vielen Heimaten ahnen läßt.

«So ein langes Leben bringt viele Erinnerungen, aber ich habe keine Verwendung dafür. Wenn man stirbt, dann weiß kein Mensch, daß man gelebt hat. Nur die Kinder erinnern sich. Ich habe keine Zukunft mehr in meinem Alter, deswegen habe ich nur die Kinder.»

Die Vergangenheit ist unwichtig, behauptet sie; die Zukunft aber hat nicht sie, sondern ihre Kinder und Kindeskinder. «Stell dir vor, wer hätte das gedacht? Meine Mutter konnte nicht einmal lesen und schreiben, und meine Enkerln haben alle schon studiert. Meine zwanzig Enkerln und Urenkerln sind alle schön, gesund und gescheit. Ich hab gute Nachricht von meinen Kindern, das ist für mich das

Allerwichtigste in der Welt. Was will ich mehr? Ich kann schon sterben. Das ist doch der Sinn des Lebens. Alles hab ich nur für meine Kinder gemacht. Ich hab immer nur gearbeitet, damit sie sollen können in die Schule gehen. Das Nähen hat mir das Leben gerettet, mir und meinen Kindern. Ohne Beruf hätte ich nichts machen können.»

Im Gegensatz zu meiner Großmutter geht es mir um die Vergangenheit. Ihr Leben fasziniert mich. Da sitzt mir eine Frau gegenüber, die die gesamte Geschichte unseres Jahrhunderts stellvertretend gelebt hat. Sie ist unser Jahrhundert.

Mir und ihren andern Enkelkindern wurde das Wesen ihres Lebens erst bewußt, als wir vor etwas mehr als zehn Jahren anläßlich ihres achtzigsten Geburtstages zu einer Familienfeier zusammentrafen. Erstmals waren ihre erwachsenen Kinder alle gleichzeitig zu Besuch, erstmals alle ihre Enkel beisammen. So wurde sie nolens volens zum Mittelpunkt, zum anerkannten Oberhaupt eines geographisch weitverzweigten Clans, zum historischen Fixpunkt einer Familie, die geschichtslos aufgewachsen war. Achtzig Menschen hatten sich im Bankettsaal eines großen Hotels versammelt. Sie waren aus Wien, Berlin, Kopenhagen, New York, Tel Aviv, London und anderen Städten angereist.

Ihr Sohn sagte in der Festrede: «Wenn wir manchmal von Ereignissen von vor achtzig Jahren sprechen, wie etwa vom Übergang von der Pferdetram zur Elektrischen, dann zweifeln wir nie daran, daß das historische Ereignisse sind, die sich vor langer, langer Zeit abspielten. Ist es denn nicht auch ein historisches Ereignis, eine achtzigjährige Frau zu feiern? Ist sie nicht Symbol all der Geschehnisse unseres Jahrhunderts? Als Kind mußte sie 1905 Rußland verlassen, um nach Polen zu reisen. Als 1914 der Erste Weltkrieg ausbrach, verließ sie diese neue Heimat und zog nach Wien, der Hauptstadt der österreichischen Monarchie, zu der ihr Teil von Polen damals gehörte. Und 1938 verließ sie Österreich und zog nach England. Eine Ost-West-Migration, die den Kontinent durchzieht.»

Bei dieser Feier erfuhren wir, daß diese strenge, pragmatische Frau, von der wir immer nur gewußt hatten, daß sie bereits den Ersten Weltkrieg in Wien erlebt hatte, eigentlich aus Rußland gekommen war. Wir erfuhren, daß diese Frau, deren Leben genau nach der Uhr abläuft, eine abenteuerliche Vergangenheit hat. Erst da verstanden wir, daß auch wir eine Vergangenheit haben, Vorfahren, Wurzeln. Plötzlich war da eine Großmutter, deren Leben bunt, schwierig und dabei doch auch normal war – normal und spannend; jedenfalls so normal, daß es nicht verlorengehen soll, und so spannend, daß ich mehr darüber wissen wollte.

Ich begann nach Dokumenten zu suchen. Ich begann meine Großmutter auszufragen, ihre Aussagen zu kontrollieren. Ich begann Bücher über ihre Zeit und ihre Städte zu lesen, alte Atlanten und Enzyklopädien zu durchstöbern, um ihren Erzählungen folgen zu können. Wo lag die Stadt, aus der sie herkam? Wie groß war sie? Da war ein Fluß, steht im Lexikon – erinnert sie sich noch daran? Andere Quellen sprechen von entscheidenden historischen Ereignissen, von Pogromen zum Beispiel. Hat sie die bewußt erlebt? Und dann wurde ich von dieser Detektivarbeit immer mehr ergriffen. Über viele Themen wollte sie gar nicht sprechen, andere erschienen ihr unwichtig. Ich mußte mühselig lernen, wie ich sie zum Sprechen bringen konnte, mußte mich immer besser auf unsere Gespräche vorbereiten. Sie erzählt nicht gerne über ihr Leben, nur selten beginnt sie von sich aus. Aber sie berichtet immer bereitwillig und gewissenhaft als Antwort auf neugierige Fragen. Wie verläßlich sind ihre Berichte? Vieles mußte ich prüfen. Im Durcheinander von Ereignissen, von spontanen Einschüben, irrelevanten Digressionen, Bezügen auf Privates, das ihre Erzählungen so spannend macht, taucht immer wieder Widersprüchliches oder Verworrenes auf, das entwirrt werden muß. Das Bild ihres Lebens, das ich heute habe, und das ich hier versuchsweise in eine fortlaufende Erzählung übersetze, ist nicht unbedingt das absolut wahre Spiegelbild ihres Lebens. Es ist vielmehr ihr subjektiv erlebtes und erinnertes Leben und als solches aufregend genug. Sie ist eine glaubwürdige Zeugin ihrer Zeit. Aus ihrer Sicht, aus ihrem Erleben ist alles wahr.

«Warum hast du uns nie von deinem Leben erzählt?» fragte ich sie bei einem meiner ersten Interviews. «Es hat mich ja nie jemand danach gefragt», antwortete sie, besserwissend lächelnd. «Wen interessiert denn schon die Vergangenheit? Das war doch alles so arm und furchtbar, das Leben, einfach uninteressant. Wir haben ein ruhiges, aber armseliges Leben geführt. Wir haben um das tägliche Brot gekämpft. Man hat nichts gehabt, aber man hat auch keine Bedürfnisse gehabt. Uns hat nichts gefehlt, man war nicht verwöhnt. Wie es war, war es gut. Das können Leute von heute gar nicht begreifen.»

Seither habe ich versucht, zu begreifen.

Die Begegnung mit ihrer Geschichte hat mir die Vergangenheit nähergebracht. Wenn sie erzählt, erlebt sie ihre Geschichte gleichsam vor meinen Augen noch einmal. Ich begann zu verstehen, warum ihre Erzählungen so frisch und unverbraucht wirkten, wie man sie sonst kaum aus dem Munde einer Achtzig- oder Neunzigjährigen hört. Ich fing an, sie jedes Jahr zu besuchen, wohnte mit ihr, stellte meine Fragen, nahm sie ins Kreuzverhör. Je öfter ich sie besuchte, je länger ich ihr zuhörte, je mehr Fragen ich ihr stellte, desto mehr verstand ich von den Grundbedingungen des Lebens im alten Österreich, von den Möglichkeiten einer Frau, die immer schwer arbeitete, aber immer voll von Selbstbewußtsein war, weit entfernt vom «Heimchen» meiner Schulbücher. Ich erlebte sie als eine selbständig denkende und unabhängig handelnde Frau, war oft überrascht über ihren Freisinn und ihre Freimütigkeit. Des öfteren habe ich, was ich von meiner Großmutter hörte, mündlich weitergegeben, und habe oft interessierte Zuhörer gefunden. Da begann ich zu verstehen, daß ich die Geschichte dieser rüstigen Neunzigerin weitererzählen muß, denn sie veranschaulicht so ergreifend und so greifbar nahe, wovon Geschichte wirklich handelt: von unseren Eltern, Großeltern und Urgroßeltern, von ganz gewöhnlichen Männern und Frauen, die selbst Eltern, Großeltern und Urgroßeltern haben.

In Rußland

Die Großeltern waren von der russischen Seite

«Geboren bin ich 1897 in Berditschew. Das war eine ziemlich große Stadt in Rußland, im Kievskaja Gubernija, nicht weit von der Grenze. Meine Mutter war aus Ruschin, einer kleinen Stadt weiter im Osten von Rußland. Mein Vater war aus Tarnopol, das war schon in Österreich. Weil mein Vater aus Österreich war, hat er in Rußland nicht wohnen und arbeiten dürfen. Er war nicht gemeldet in Rußland, und weil er ein Illegaler war, habe ich keinen Geburtsschein bekommen. So war das damals. In Rußland habe ich auch keinen Geburtsschein gebraucht, erst später in Wien hat er mir dann gefehlt.

Berditschew war eine große Stadt, da konnte man leicht untertauchen. Wir haben damals Berditschewski geheißen, aber das war nicht unser richtiger Name. Einmal im Monat ist der russische Milizionär zu uns gekommen, und die Mutter hat ihm Geld in die Hand gesteckt, damit er uns da wohnen läßt. Bis 1905 sind wir in Rußland geblieben, da war ich sieben, acht Jahre alt. Dann sind wir nach Tarnopol übersiedelt, dort hat die Familie von meinem Vater gewohnt, und dort sind wir dann geblieben, bis der Erste Weltkrieg begonnen hat. Da bin ich dann nach Wien.»

So viel und nicht mehr habe ich vor vielen Jahren bei meinem ersten Gespräch mit meiner Großmutter über ihre Vergangenheit aus ihr herausgelockt. Ich habe damals bei weitem nicht alles verstanden. Wo waren diese Städte Berditschew und Ruschin? Wie war das Leben dort, als man dort lebte? Warum ist die Familie übersiedelt? Wo kam sie ursprünglich her? Warum mußte der Vater untertauchen? Wie war das damals, wenn man von einem Land ins andere übersiedelte? Das erste Gespräch war nicht sehr ergiebig, aber es machte mich neugierig.

Der Name Berditschew war mir nur aus der Literaturgeschichte geläufig: In seinem bekannten und auch heute noch oft aufgeführten Theaterstück «Die drei Schwestern» kolportiert der russische Dramatiker Anton Tschechow die Nachricht, daß der französische literarische Gigant Honoré de Balzac in Berditschew geheiratet habe. Balzac-Biographen bestätigen das Ereignis, das im Jahre 1850 im Karmeliterkloster zu Berditschew stattfand.

Im russischen Konversationslexikon vom Ende des vorigen Jahrhunderts habe ich die Geburtsstadt meiner Großmutter erstmals ausfindig gemacht. Weil im Jahre 1897, ihrem Geburtsjahr, die erste russische Volkszählung stattfand, kann ich dort nachlesen, daß Berditschew damals genau 77823 Einwohner hatte, von denen weitaus die Mehrheit – 62366 – Juden waren. 10777 waren russisch-orthodox und 3298 katholisch. Die Bedeutung der Juden für die Stadt sieht man auch an ihren Gotteshäusern: Neben fünf russisch-orthodoxen und vier katholischen Kirchen gab es eine große Synagoge und vierundsiebzig jüdische Bethäuser! Es gab auch zwei Krankenhäuser: ein städtisches und ein jüdisches.

Die Stadt, die lange polnisch war, aber 1793 bei der zweiten Teilung Polens zu Rußland kam, war einmal ein für ihren Tuch- und Kleiderhandel berühmtes Handelszentrum gewesen, in dem jährlich zehn große Märkte abgehalten wurden. Während Berditschewer Kaufleute Tuch, Leinen und Seide importierten, wuchs auch das jüdische Schneidergewerbe, das in einer eigenen Innung organisiert war. Berditschew, jahrzehntelang nach Warschau die zweitgrößte jüdische Gemeinde des Zarenreiches, mußte diesen Rang zum Ende des Jahrhunderts Odessa überlassen. Der sowjetische Schriftsteller Isaak Babel, selbst in den jüdischen Vierteln Odessas aufgewachsen, nannte aber noch in seinen tragisch-heiteren Schilderungen des Lebens und Sterbens in der Roten Armee der Revolutionszeit die Stadt Berditschew «di jiddische Hauptstadt». Auch für den Sowjetbürger von heute bezeichnet der Ausdruck «Berditschewer Juden» noch svmbolisch alles, was der Russe am Juden verachtet: das Laute, Schmutzige, Gestikulierende, Hektische, Fremde. Das Wort Berditschew allein klingt in russischen Ohren schon nach einem jüdischen Witz.

Dort also, in der jüdischsten aller jüdischen Städte des Ostens, war meine Großmutter geboren.

Auch Ruschin, die Stadt ihrer eigenen Großeltern, habe ich inzwischen auf einer russischen Landkarte gefunden. Es ist eine Kleinstadt von weniger als dreitausend Einwohnern, ungefähr 200 km östlich von Berditschew, in der heutigen Ukraine. Der russischen Enzyklopädie zufolge gab es dort Ende des vorigen Jahrhunderts zwei Kirchen für die Rechtgläubigen und eine für Katholiken. Von Juden und jüdischen Institutionen ist da nicht die Rede. Und doch ist auch Ruschin – meine Großmutter nennt die Stadt auch heute noch bei ihrem jiddischen Namen «Rizhin» – einmal ein bedeutendes jüdisches Zentrum gewesen, in dem der chassidische Wunderrabbi Reb Israel Friedmann in einem maurischen Palast hofhielt. Chassidisch oder fromm nannten sich die Anhänger einer im vorigen Jahrhundert unter den osteuropäischen Juden weitverbreiteten religiösen Volksbewegung, die verschiedene Wanderprediger und Wunderrabbis verehrten und die von den einen als «Erneuerer» des Judentums, von den andern als «Ketzer» bezeichnet wurden. Als die Eltern meiner Großmutter in Ruschin lebten, war diese Kleinstadt aber kein chassidisches Zentrum mehr.

Um die Mitte des vorigen Jahrhunderts mußte nämlich Reb Israel Rußland fluchtartig verlassen. Er ließ sich im österreichischen Sadagora bei Tschernowitz nieder und wurde zum Stammvater einer Dynastie von bedeutenden chassidischen Rabbinern, die mehrere Generationen hindurch in Galizien und der Bukowina Tausende und Abertausende von Anhängern um sich scharten. Die Dynastie der «Rizhiner Rebben» spielte in der Geschichte des Chassidismus in Galizien eine eigene und führende Rolle. Auch in der Geschichte unserer Vorväter hat sie eine eigenartig kontinuierliche Rolle gespielt.

Von berühmten Leuten gibt es schriftliche Quellen, von unseren Vorfahren gibt es nur die mündlichen Erzählungen. Die allerfrühesten Erinnerungen meiner Großmutter gehen nach eben jenem Ruschin im Gouvernement Kiew. Vielleicht waren die Urgroßeltern meiner Großmutter chassidische Anhänger des berühmten Reb Israel gewesen und seinetwegen dorthin gezogen, vielleicht waren sie aber auch schon vorher dort ansässig. Wer weiß, wie viele Generationen dort gelebt haben? Keine Archive geben darüber Auskunft. Keiner weiß es, und keiner wird es jemals in Erfahrung bringen. Die Stadt Ruschin gibt es zwar noch, einer sowjetischen Erzählung zufolge gibt es dort auch eine Gedenkstätte für die ermordeten Juden des Weltkrieges, die Stadt ist aber für Ausländer gesperrt. Von der jüdischen Bevölkerung der Vorkriegszeit und ihren Kulturstätten ist angeblich nichts mehr erhalten. Nur die Erinnerungen meiner Großmutter sind noch da:

«Die Eltern, die Großeltern, die Urgroßeltern, die waren alle aus Ostgalizien auf der russischen Seite. Die haben nichts anderes gekannt. Die haben dort in Rußland gelebt und sind dort gestorben. Wir sind die einzigen, die ausgewandert sind.

An den Großvater kann ich mich noch gut erinnern. Manchmal sind wir nämlich zu den Großeltern nach Rizhin gefahren. Mit einer Fuhr ist man gefahren, da waren auch andere mit. So wie man heute mit dem Bus fährt, hat man damals die Fuhr genommen. Ich kann mich erinnern, wie wir einmal mit der Fuhr mit Pferden von Berditschew nach Ruschin gefahren sind. Es war eine lange Fuhr mit Bänken auf beiden Seiten, da ist man gesessen. Es waren ziemlich viele Leute mit. Ich hab mich neben die Mutter gesetzt, hab den Kopf hingelegt und hab geschlafen. Ich weiß nicht, wie lang die Fahrt gedauert hat. Ich muß noch sehr klein gewesen sein.

Der Großvater hat Sobel geheißen – Sobel ist ein schöner Name. Er war ein schöner, großer Mann mit einem grauen Bart und Kaftan. Er war Melamed, das war ein Lehrer, der hat kleinen Kindern Hebräisch beigebracht. Natürlich war der Großvater fromm, damals waren alle fromm. Fromme Juden konnten nicht arbeiten gehen, da hat man unterrichtet. Kinder haben immer Unterricht gebraucht, und das war so eine Tradition bei den frommen Juden, das Unterrichten. Manche Melamed haben den Kindern nur das alef-bais beigebracht, mein Großvater hat schon die Fortgeschrittenen unterrichtet.»

Stolz klingt in ihrer Stimme, als das Bild des alten, weißbärtigen Chederlehrers aus der ukrainischen Provinz vor ihrem inneren Auge auftaucht. Ende des vorigen Jahrhunderts besuchten die meisten jüdischen Kleinkinder männlichen Geschlechts in Osteuropa eine solche private Talmudschule, die die Juden einen Cheder nennen. So wurden etwa 1894 allein in Rußland mehr als 200 000 Schüler in 13 689 dieser Schulen mit insgesamt 17740 Lehrern gezählt. Die Dunkelziffern von Schülern offiziell nicht gemeldeter Chederlehrer sind dabei gar nicht mehr eruierbar.

Längst Verschüttetes, oft Zufälliges und Dramatisches, bricht plötzlich hervor, als ich nicht lockerlasse und mit meinen Fragen immer wieder auf Ruschin zurückkomme:

«Der Großvater hat am Berg in einem Häusl gewohnt. Das war sein eigenes Haus. Wenn man hinten rausgegangen ist aus dem Haus, war da unten beim Hügel ein Teich, ein kleiner See, da bin ich einmal hineingefallen, ich war noch ganz klein, vielleicht zwei, drei Jahre alt, aber ich kann mich daran erinnern. Zum Glück ist aber jemand vorbeigekommen und hat mich an den Haaren wieder herausgezogen.

Der Großvater und die Großmutter haben drei Töchter gehabt: Die älteste war meine Mutter, die Chaje Sobel, die hat auch einen Melamed geheiratet, meinen Vater. Die zweite hat Basie geheißen. Die Basie hat einen jüdischen Bauern geheiratet und zwölf Söhne geboren. Was aus den zwölf Buben geworden ist, weiß ich nicht, wahrscheinlich haben sie alle nicht überlebt. An die Tante Basie kann ich mich noch ein bißl erinnern: Sie war eine kleine, runde Frau. Die hat genug zu tun gehabt mit den Buben! Ich weiß noch, wie ich die einmal besucht habe, in einem Dorf in der Nähe von Rizhin. Dort war ein Bauernhof mit Kühen und Pferden. Ich hab bewundert, wie die Buben mit den Kühen umgegangen sind. So viele Buben! Ich war nie im Haus drinnen. Vielleicht waren wir nur auf den Tag dort, vielleicht haben sie keinen Platz gehabt mit den vielen Kindern. Auf mich hat das einen großen Eindruck gemacht: Da waren Hühner und Gänse, die Buben sind am Hof herumgelaufen, und der Mann hat die Kuh hinter sich hergezogen.

Die jüngste Tochter war die Ruchel; die war mit einem Blecher verheiratet und hat in Rizhin zusammen mit dem Großvater gewohnt. An die kann ich mich nicht so gut erinnern. Die Tante Ruchel und der Blecher haben zwei Töchter gehabt, das waren meine Cousinen. Die eine Cousine war ein Jahr jünger wie ich und hat Elke geheißen, so wie ich. Wahrscheinlich waren wir nach der gleichen Verwandten benannt. Bei den Juden war das so. Wenn jemand gestorben ist von der Familie, hat man die Kinder nach dem benannt, das war so eine Tradition. Man hat geglaubt, daß die so weiterleben. Auf jeden Fall hat man sich dann besser gemerkt, mit wem man verwandt war. Von der Cousine in Rizhin habe ich mir dann später den Geburtsschein ausgeborgt, wie ich einen gebraucht habe. Aber das war eine ganz andere Geschichte.

In dem kleinen Häusl vom Großvater haben mindestens zwei Familien gewohnt: der Großvater mit der Großmutter, und die Schwester von meiner Mutter, die mit dem Blecher verheiratet war. Das Haus war lang, es hat sich gezogen. Auf der Straße war eine Tür, um hereinzukommen, und im Haus war ein großes Zimmer, rechts vom Eingang. Dort war alles in einem: Die Großmutter hat dort gekocht, der Großvater hat die Kinder unterrichtet, und der Blecher hat dort seine Töpfe gemacht. In der Ecke war ein großes Bett, dort haben alle geschlafen, auch jeder Besuch. In dem großen Raum auf der linken Seite beim Fenster war ein großer Tisch, da sind die Kinder gekommen, und da haben sie mit dem Großvater gelernt – zehn, zwölf Kinder. Vom großen Zimmer war ein ganz schmaler, langer Gang. Dort war links so ein langer Tisch, und auf dem Tisch das Werkzeug vom Onkel, und dort hat er sein Blech geklopft. Auf der rechten Seite waren so Zimmerln, nicht a zugemachtes Zimmer, aber so Abteilungen ohne Tür, wo man gewohnt hat. Dann bist du weitergegangen, da war die Küche.

Ganz in der Nähe von dem Haus, wo die gewohnt haben, war auch eine ziemlich große Synagoge. Es war ein großer Platz. Unten war ein großer Raum, wo die Juden waren, und ringsherum waren Balkone. Auf den Balkonen waren die Frauen. Unten waren die Männer, oben die Frauen. Ich war mit der Mutter oben. Das war ein Feiertag, da haben sie Zuckerln vom Balkon runtergeschmissen. Ich war dann unten mit dem Großvater die Zuckerln aufsammeln.

Die Großmutter ist immer gesessen vor der Tür auf einem Sessel, mit einem Kopftuch, einer Schürze. Ich hab nicht viel Verbindung gehabt mit ihr, meine Mutter hat sich mehr gekümmert um mich. Wenn ich dort war, war ich nicht lange dort. Sind wir auf Besuch gekommen, waren wir a Woche dort oder so. Wir sind nicht oft zum Großvater nach Ruschin gefahren, das war eine teure Angelegenheit. Man hat müssen dem Mann zahlen, der uns geführt hat, und was immer Geld gekostet hat, war eine schwere Sache. Mein Vater war nie mit, wenn wir hingefahren sind, und wo die Mutter das Geld hergenommen hat, weiß ich nicht.»

Man war schlecht dran als Jude in Rußland

Natürlich wollte ich wissen, wie es zugegangen war, daß die Eltern meiner Großmutter zusammenkamen, eine Familie gründeten und damit zu meinen Vorfahren wurden. Wie kommt ein Österreicher an ein russisches Mädchen, noch dazu zu einer Zeit, als die Grenzen gesperrt und der Grenzübergang verboten war? Der russische Zar war 1881 ermordet worden, und auf den Mord folgten zahlreiche Pogrome in den jüdischen Städten der Ukraine. Jüdisches Eigentum wurde von einer aufgepeitschten Bevölkerung vernichtet und viele Menschen jüdischen Glaubens tätlich angegriffen. Das Resultat war eine Fluchtwelle aus Rußland über die österreichische Grenzstadt Brody nach Amerika. Was also konnte einen jungen Mann aus Tarnopol im österreichischen Galizien etwa gleichzeitig dazu veranlassen, in entgegengesetzter Richtung aufzubrechen und sich im jüdischen Sperrgebiet Rußlands niederzulassen?

Nach zahlreichen Gesprächen ergab sich folgendes Bild: Der Vater dieses jungen Mannes Pinkas Wolfzahn war Melamed in Tarnopol, einer Garnisonsstadt im äußersten Nordosten der k.&k. Monarchie. Auch er unterrichtete Kleinkinder im Hebräischen und in den Grundbegriffen des Talmud. Der Sohn sollte später seinen Cheder übernehmen und studierte zu diesem Zwecke bei einem berühmten Rabbiner, dem sechsten Sohn des früheren «Rizhiner Rebbn», in der österreichischen Grenzstadt Husiatyn. In einem zeitgenössischen Reiseführer durch Galizien ist sogar «der Palast des Wunderrabbi» in einem umgebauten Schloß aus dem 16. Jahrhundert erwähnt. «Das interessanteste Baudenkmal Husiatyns und das schönste Gebäude maurischen Stils im Lande ist die wahrscheinlich in der Türkenzeit erbaute Synagoge», heißt es im Reiseführer. Bei den Juden hieß diese Kleinstadt am Grenzfluß mit ihren 5600 Einwohnern nur Chuschtschaten. Heute gehört auch diese Stadt zur Sowjetunion und heißt Gusjatin.

Dieser Wunderrabbi hatte zahlreiche Anhänger, die – so behauptet jedenfalls der Schriftsteller Isaak Babel – unter den Chassiden als gemäßigt galten. Sie studierten nicht nur bei ihm, sondern suchten ihn auch auf, wenn es Probleme oder Feiertage gab. Dann kamen sie, im Kaftan, im pelzbesetzten Hut, dem Schtrajml, mit Bart und Ohrenlocken, um im Singsang der frommen Chassiden zu beten und zu tanzen. Solche Chassiden also waren die Großväter meiner Großmutter. Mag diese Lebensweise auch exotisch für uns klingen, gleich fern in Ort und Zeit, wenn man die eigene Großmutter, die das alles noch lebendig in Erinnerung hat, heute vor dem Fernseher sitzen sieht und ihr zuhört, wenn sie mit ihren computerinteressierten Urenkeln deren Zukunft bespricht, dann rückt dieses ferne Leben nahe und wird zum unmittelbaren Hintergrund einer westeuropäischen Frau von heute.

Der alte Wolfzahn aus dem österreichischen Tarnopol war Melamed, und auch sein Sohn Pinkas sollte Melamed werden, um in der traditionellen Schule unterrichten zu können. Der Beruf gab wenig Geld und viel Prestige. Daß er beim «Chuschtschatener Rebbn» studierte, war nur natürlich.

Der alte Melamed Sobel in Ruschin war ein Anhänger desselben Rabbiners. Als seine drei Töchter, Chaje, Basie und Ruchel, heiratsfähig geworden waren, begab er sich über die russisch-österreichische Grenze nach Husiatyn, um «seinen» Rabbiner um Rat und Hilfe zu bitten. Für einen frommen Juden mit drei Töchtern war es äußerst wichtig, Heiratsvermittlungen in die Wege zu leiten, die eine standesgemäße Ehe sichern konnten. Standesgemäß heiraten, das bedeutete bei frommen Juden vor allem, in eine «gelehrte» Familie einheiraten; für einen chassidischen Vater bedeutete das außerdem eine chassidische Schwiegerfamilie, womöglich Anhänger des gleichen Rabbiners.

Dort trafen sie sich also, der alte Melamed Sobel aus Rußland und der junge Melamed Wolfzahn aus Tarnopol. Gemeinsam reiste man nach längeren Verhandlungen zurück ins ukrainische Ruschin und feierte Hochzeit. 1890 wurde die erste Tochter, Chane, geboren, die sich später Anna nannte. Die Zeiten waren schlecht für Juden in Rußland. Neue Juden durften sich nicht ansiedeln, alteingesessene durften nicht übersiedeln, Arbeitsgenehmigungen für Ausländer waren undenkbar. Und die Gesetze wurden zunehmend strenger und wurden auch immer strenger gehandhabt. So etwa verordnete ein Gesetz aus dem Jahre 1893, jeder russische Melamed und jeder Cheder sei öffentlich zu registrieren, und für die Unterrichtsbewilligung seien jährlich drei Rubel zu entrichten. Allen anderen wurde der Unterricht jüdischer Kinder bei Strafe untersagt!

Die junge Familie Wolfzahn zog daher in die Großstadt Berditschew, nannte sich sicherheitshalber Berditschewski, lebte dort illegal und hatte nur sehr begrenzte Einnahmequellen. Pinkas wollte am liebsten heim nach Österreich, ins galizische Tarnopol. Die junge Mutter Chaje wollte ihm dorthin nicht folgen. Jüdische Mädchen wurden damals ganz jung verheiratet, oft im Alter von vierzehn, fünfzehn Jahren, und es war bestimmt nicht einfach, in diesen jungen Jahren seine Eltern, sein Dorf, sein Land zu verlassen, um mit dem Mann, den man nicht einmal selbst gewählt hatte, in ein neues Land zu ziehen. Man wußte, daß die Grenzen dicht waren und daß auch Besuche bei der Familie in Rußland praktisch unmöglich waren. So waren Chaje und Pinkas nicht nur jung, illegal und arm, sie waren auch gänzlich uneinig darüber, wie es weitergehen sollte. Und so fremd das heute anmutet und so unwahrscheinlich es klingt, das junge Ehepaar Chaje Sobel und Pinkas Wolfzahn alias Berditschewski mit der kleinen Chane trennte sich und ließ sich scheiden.

«Sieben Jahre war die Schwester älter als ich. Sieben Jahre sind eine lange Zeit. Ich hab mich sehr gewundert: Damals haben alle Leute viele Kinder gehabt, Kinder ohne Ende. Einmal hab ich die Mutter gefragt, wieso wir nur zwei Kinder waren, da hat sie mir erzählt von der Scheidung.

Ich weiß nicht, warum sie sich geschieden haben. Vielleicht weil er nicht viel verdient hat? Vielleicht, weil er illegal war? Vielleicht wollte sie nicht weg von zu Hause?»

Formell ist eine Scheidung bei Juden nicht so schwer zu vollziehen und war es auch im vorigen Jahrhundert nicht. Und doch – ganz einfach scheint das nicht gewesen zu sein: «Sie hat dann geheiratet noch einmal denselben Mann.» Und am 19. Juli 1897 kam meine Großmutter als Chinje Elke Berditschewski in Rußland zur Welt. So erzählt sie jedenfalls. Und da sie die einzige Zeugin ist, muß man ihr wohl Glauben schenken. Dokumente, die diese Aussagen beweisen könnten, gibt es nicht. Es gibt keinen Trauschein von den Eltern, jedenfalls keinen glaubwürdigen. Dafür gibt es gleich zwei Geburtsscheine meiner Großmutter, die aber beide falsch sein dürften!

In den Erzählungen aus der Berditschewer Zeit vermischen sich Erinnerungen an Erlebtes mit Erinnerungen an Erzähltes. Die Ereignisse, die das Gedächtnis bewahrt hat, sind oft dramatisch und aufregend und haben wenig Allgemeingültigkeit. Nur indirekt berichten sie auch über Lebensgewohnheiten und Ideenwelt im jüdischen Osten der Jahrhundertwende. So etwa in dieser Geschichte, die neben Persönlichem und Zufälligem auch über die Wasserversorgung in Berditschew und über das Verhältnis zwischen Juden und Christen Aussagen enthält:

«An Berditschew erinnere ich mich nicht mehr so gut, höchstens an zwei, drei Stellen, wo wir gewohnt haben. Ich erinnere mich, daß ich einmal krank war, das war irgend etwas mit der Niere. Ich war sehr krank, der Doktor ist gekommen. Stell dir vor, man hat mich auskuriert, und seit damals war ich nicht mehr krank! Ich durfte nichts essen. Wir haben ein Zimmer gehabt und eine Küche, und der Vater hat sich mit der Mutter und der Schwester in der Küche versteckt, damit ich nicht sehen soll, wie sie essen. Von Badezimmer war keine Rede. Gewaschen haben sie mich in einem holzenen Bottich in der Küche. Ich weiß noch, daß vor der Türe eine Stiege war und daß im Gang ein Faß stand. Die Wasserträger sind immer mit Wasser gekommen und haben das Wasser ins Faß geschüttet. Das war ganz normal in Rußland. Zu Weihnachten hat der Vater das Faß zugedeckt, weil da kommt der Jeisele und der könnte ja sonst hineinfallen. Das war so ein Aberglaube.»

Ich wunderte mich über diese bruchstückhafte Erinnerung, die ja großen Eindruck auf meine Großmutter gemacht haben muß. Meine Frage, ob es sich tatsächlich um Weihnachten und nicht etwa um Chanuka, das jüdische Lichterfest, das auch im Dezember gefeiert wird, handeln könnte, verneinte sie standhaft. Bei allen Gesprächen mit meiner Großmutter achtete ich immer darauf, daß sie ihre Erinnerungen mit Gewohnheiten ihres neuen Lebens vermengen könnte. Weihnachten ist nun einmal ein weitaus wichtigerer Teil des Lebens im heutigen Westeuropa als Chanuka. Aber sie meinte das christliche Weihnachten. Ich hatte immer nur gehört, daß die Juden Osteuropas von den christlichen Nachbarn isoliert lebten, und verstand nicht sofort, warum eine jüdische Familie auf Weihnachten Rücksicht nehmen sollte. Ich überlegte mir daraufhin, ob man das Faß zugedeckt haben könnte, weil man sich etwas vor dem christlichen Feiertag, den man nicht richtig verstand, fürchtete, und fragte sie deshalb, ob mit dem «Jeisele» vielleicht das Jesuskind gemeint sein könnte. Ich stellte mir einfach vor, es könnte sich um die ostjiddische Aussprache des Namens handeln (so wie Isaak zu Eisik wird oder Josef zu Joisel). Auch auf diese Frage antwortete sie ablehnend:

«Die frommen Juden haben sich eingeredet, nachts, am Abend vor Weihnachten, wenn der Jesus is geboren, fliegt herum a Jeisel oder a Eisel. Mit Jiddisch hat das nichts zu tun, und mit Jesus hat das nichts zu tun. Das war nur so eine Methode.»

Von Rußland nach Österreich

Man hat nicht gebraucht keine Reisegesellschaft

Als meine Großmutter Elke etwa sieben und ihre Schwester Chane vierzehn war, wurde es wieder problematisch. Vielleicht waren die neuerlichen Pogrome in Rußland schuld, die nach der ersten Russischen Revolution von 1905 und nach dem verlorenen Krieg gegen Japan noch schlimmer wieder losgingen; vielleicht war es in ihrer Stadt auch nur die allgemein verschärfte antisemitische Stimmung, die das weitere Verbleiben in Rußland unmöglich machte. Meine Großmutter kann sich allerdings nicht an Pogrome erinnern:

«Man hat sich nicht gekümmert um Politik. Man war froh, man hat gehabt zu essen. Für Zeitungen hat man kein Geld ausgegeben. Ich hab gehört von Pogromen, aber keine mitgemacht. Ich weiß, daß damals viele Juden aus Rußland ausgewandert sind wegen der Pogrome. Aber das war in Kischinew in einer ganz anderen Richtung. In Schitomir waren auch Pogrome. Das war nicht weit weg von uns, aber das war früher. Dort, wo wir gewohnt haben, waren damals keine Pogrome. Deshalb ist man nicht ausgewandert! Nur dadurch, daß mein Vater aus Polen war, sind wir ausgewandert, sonst wären wir dortgeblieben. Der Vater mußte weg. In Berditschew durfte er nicht sein. Er hat zwar unterrichtet, aber das war geheim, das hat niemand gewußt. Man war schlecht dran als illegaler Jude in Rußland! Dann ist sein Vater in Tarnopol gestorben, und der Bruder und die Mutter haben geschrieben, er soll nach Hause kommen. Der Vater ist nach Polen gefahren, und die Chane hat er mitgenommen. Ich wundere mich, wie sich der Vater getraut hat, nach Polen, das heißt nach Österreichisch-Polen, zu fahren mit der Schwester. Wo die das Geld hergenommen haben? Vielleicht hat es ihm sein Bruder aus Tarnopol geschickt? Wie er nach Polen gekommen ist, hat er nichts gehabt, aber der Bruder und die Schwester haben ihm geholfen. Der Bruder von meinem Vater hat sozusagen meine Schwester adoptiert, sie hat bei ihm gewohnt und bei ihm gearbeitet. Der Vater hat sich gleich einen Cheder aufgemacht in Tarnopol, wahrscheinlich hat er den Cheder von seinem Vater übernommen. Er hat auch sofort seinen Namen auf Wolfzahn geändert.»

Pinkas Berditschewski verließ also mit seiner ältesten Tochter Chane, die inzwischen die Schule in Rußland beendet hatte, Berditschew, machte sich auf den Weg nach Tarnopol, übernahm die Schule seines Vaters und nannte sich von nun an Pinkas Wolfzahn. Seine Frau Chaje mit der siebenjährigen Elke ließ er in Berditschew allein zurück. Meiner Vorstellung nach muß das für eine alleinstehende Mutter eine schwere Zeit gewesen sein, aber in der Erinnerung meiner Großmutter war das alles halb so schlimm:

«Ich war ja noch klein, und solange meine Mutter bei mir war, habe ich mir keine Sorgen gemacht. Ich war damals nicht so gescheit, daß ich darüber nachgedacht hätte. Man war ja so blöd! Die Kinder, man hat ihnen nichts gesagt, hat sie nichts gelernt. Ich hab gewußt, man hat müssen versteckt leben, hat sich nicht dürfen offiziell melden. Ich hab gewußt, daß ich Berditschewski Elke heiße, natürlich, ich war ja sieben Jahre alt. Das hab ich gewußt, aber nicht, wo ich wohn.

Ich war so unternehmungslustig. Ich hab meiner Mutter damals schon geholfen, und ich bin zum Markt einkaufen gegangen über eine sehr große Holzbrücke. Hab genommen a Tasche und bin gegangen über die Brücke auf den Markt. Das war eine Fußgängerbrücke, Verkehr hat's keinen gegeben. Die Mutter hat mir zwei Kopeken gegeben, und ich bin zugegangen zu den Standeln, hab gesagt, ich will das, ich will das. Hat die Frau gefragt: ‹Wieviel Geld hast du?› Ich weiß nicht, wieviel ich gehabt hab, aber sie hat mir was gegeben. Hab ich's in die Tasche reingesteckt und bin stolz wieder zurückgegangen. Einmal bin ich gegangen auf den Markt, die Mutter hat nicht einmal gewußt, daß ich gegangen bin. Irgend jemand hat mir a Geld gegeben, das hab ich aufgehoben, a Kopek oder so. Da bin ich auf der Brücke mit dem Fuß in einem Loch steckengeblieben, einfach so eingesunken.

Ich hab mit meiner Mutter allein gewohnt, aber wir waren nicht allein, das war damals nicht so. Niemand hat weit gewohnt. Das war ein jüdisches Viertel, und man hat einfach zusammen gewohnt. Ich weiß nur, am Samstag is man gestanden auf der Straße und hat verkauft Tee im Samowar. Die Christen haben das gemacht. Weil man hat nicht dürfen am Schabbes machen Tee. Ich kann mich an keine Synagoge in Berditschew erinnern.

Die Mutter hat auch Freunde gehabt und eine Tante. Tante Golde hat sie geheißen. Sie war eine Schwester von Mutters Vater. Die Tante Golde hat nicht bei uns gewohnt, aber sie hat in der Nähe gewohnt, in der gleichen Gasse. Ich sehe heute noch vor mir, wie sie immer draußen vor der Tür gesessen ist mit grauen Haaren und mit noch anderen Weibern. Meine Mutter hat sie nicht leiden können. Einmal bin ich so am Trottoir herumgetanzt und hab geschrien: ‹Meine Mamme hut d'ch n'cht lib.› – ‹Meine Mutter kann dich nicht leiden.› Das war was! Das muß furchtbar gewesen sein für die Mutter. Ich glaub, die Mutter hat mich gehaut. Meine Mutter hat ja auch ihre Familie gehabt, die Schwestern und die Eltern in Ruschin. Wir sind zwar nicht oft hingefahren, weil das Geld gekostet hat, aber trotzdem. Einmal ist auch von ihrer Schwester Basie der Mann zu uns nach Berditschew gekommen. Das war 1905, wie der Krieg gegen Japan war. Man hat ihn zum Militär eingezogen, und er mußte sich in Berditschew melden. Aber wie sie gehört haben, daß er zwölf Söhne hat, haben sie ihn gehen lassen. Das war eine Freude! Deswegen erinnere ich mich noch, weil das so eine Sensation war. Er ist eigens nach Berditschew gekommen, hat sich gemeldet und hat gleich gesagt, daß er einen Hof mit Kühen hat und zwölf Söhne, und da hat man ihn befreit. Ich weiß noch genau, ich bin noch im Bett gelegen in der Früh, wie er zu uns gekommen ist und meiner Mutter das erzählt hat.»

Das Judenviertel von Berditschew, die Besuche bei den Großeltern, die Geborgenheit bei der Mutter, trotz der Armut, waren bald vorbei: Der Vater war ins österreichische Tarnopol gezogen, Mutter und Tochter schlugen sich ein Jahr lang schlecht und recht in Rußland durch. Dann kam der Frühlingstag, an dem auch sie den Weg nach Galizien antraten.

«Meine Mutter wollte nicht weg, aber sie mußte. Sobald der Mann weg war, konnte sie nicht bleiben.»

Die Reise nahm sich für Mutter und Tochter verschieden aus. Waren für die Mutter Geldnot und Lebensangst vorherrschend, so waren es für die Tochter vor allem Spannung und Staunen, die sie beherrschten. Für beide aber begann das Leben in Österreich dramatisch mit einer Flucht bei Nacht und Nebel über den Grenzfluß Zbrucz:

«Weißt du, wie wir aus Rußland geflüchtet sind? Das war ein ruthenischer Bauer, der uns hinübergenommen hat. Das war ein Beruf, den Leuten zu helfen. Ich sag dir, man hat nicht gebraucht keine Reisegesellschaft! Es waren Leute da, die das vermittelt haben. Ich weiß nicht, wo meine Mutter das Geld hergenommen hat. Das muß ja Geld gekostet haben, das Fahren. Was immer Geld gekostet hat, war eine schwere Sache. Aber für Geld konnte man alles bekommen. In der Familie, die in Rußland war, haben alle kein Geld gehabt. Meine Mutter hat das alles selbst geordnet, sie war sehr tüchtig.

Der Mann war nicht da, da mußte sie alles selber arrangieren mit der Flucht. Meine Mutter hat den Bauern, der uns über die Grenze gebracht hat, gekauft. Man hat das alles schwarz gekauft. Wo wir eingestiegen sind, weiß ich nicht. Zuerst sind wir mit dem Bauern mit einem Fuhrwerk gefahren, und dann hat er uns über das Wasser getragen. Meine Mutter hat gesagt, er soll mich zuerst nehmen, sie hat Angst gehabt, daß mir was passiert. Er hat mich über die Schulter gelegt und hinübergetragen. Dann hat er mir gezeigt, ich soll ganz still sein, er hat den Finger so auf den Mund gelegt. Ich hab gewußt, daß ich nicht weinen darf, damit man uns nicht hört, und ich hab Angst gehabt. Ich war ganz still, es war finster, und ich hab nicht gewußt, ob die Mutter kommt. Aber dann ist er mit ihr gekommen, auch so über die Schulter, und wie ich sie gesehen habe, war schon alles gut.

Wie wir über die Grenze gegangen sind, sind wir in Brody

gelandet. Wahrscheinlich war dort ein niedriger Übergang im Wasser. Brody war eine Grenzstadt, da haben viele Juden gewohnt. Der Bauer hat uns dann zu einem Bauernhof gebracht. Wie wir zu dem Bauernhof gekommen sind, waren schon viele Leute dort, die haben alle da geschlafen. Dort haben wir Essen gekriegt, und dann haben die Mutter und ich dort zusammen auf einem Strohsack geschlafen. In der Früh hat er uns mit den Pferden und mit dem Wagen zu einer Bahn gebracht, das war weit weg, und wir sind dann mit der Bahn nach Tarnopol gefahren. Ich glaube, das war ein polnischer Bauer, der uns am nächsten Tag nach Tarnopol gebracht hat, aber ich weiß das nicht, vielleicht war das auch der gleiche, der uns über das Wasser getragen hat. Ich weiß nur, daß ich dort gut geschlafen habe.»

Tarnopol war eine größere Provinzstadt im Osten Galiziens mit zirka fünfunddreißigtausend Einwohnern, von denen immer noch etwa vierzig Prozent Juden waren. Ostgalizien war mehrheitlich ruthenisch, bewohnt von griechisch-katholischen Ukrainern, die im polnisch verwalteten Galizien um ihre nationalen Rechte kämpften. Rund um Tarnopol hatten sich aber vor allem Polen angesiedelt, so daß die primäre Umgangssprache in der Tarnopoler Gegend Polnisch war. Ruthenisch waren vor allem die Bauern, die zur Marktzeit aus dem Einzugsgebiet in die Stadt kamen. Hier gab es, einem zeitgenössischen Reiseführer zufolge, jeweils am 26. Juli einen der bedeutendsten Jahrmärkte von Podolien. Der wöchentliche Markttag war am Donnerstag.

In Tarnopol gab es ein Schloß, eine Dominikanerkirche, eine gotische Pfarrkirche und einen Stadtpark. Außerhalb der Stadt lag ein vier Kilometer langer See. Meine Großmutter erinnert sich aber an keine dieser Sehenswürdigkeiten aus dem Reiseführer. Nur der Stadtpark löst noch Assoziationen aus:

«An den Stadtpark kann ich mich erinnern. Da war doch die Eisenbahn. Über die Eisenbahn war eine Brücke. Wenn man über die Brücke gegangen ist, war man im Park. Dort bin ich oft mit meiner Mutter hingegangen. Meine Mutter hat eine Bekannte gehabt, die hat sie einmal mitgenommen, die ist im Park von einem Insekt gebissen worden und ist dann gestorben. Deshalb erinnere ich mich.»

Außer dem Stadtpark, dem Bahnhof vor der Stadt, ein paar Kaffeehäusern und Konditoreien und der Kaserne gab es sonst kaum Sehenswürdigkeiten. Aber Tarnopol war österreichisch und stellte damit eine ganz neue Welt dar, über die die kleine Elke – die jetzt Wolfzahn hieß – immer wieder in Erstaunen geriet. Es war gar nicht so einfach, sich in dem neuen Milieu einzuleben, und neu war ja auch die Familie, die sie vorfand. Da waren vor allem die Mutter und die Geschwister des Vaters. Während sie im Jahr davor noch allein mit der Mutter gelebt hatte, traf sie hier auf ein dichtes Netzwerk von Familienangehörigen, zu dem des Onkels Schwägerin oder der Tante Schwiegereltern ebenso dazugehörten wie Onkel und Tante selbst.

«Den Vater von meinem Vater hab ich nicht gekannt, der war schon tot, wie wir nach Tarnopol gekommen sind. Von meinem Vater die Mutter hab ich gekannt. Malke hat sie geheißen. Die hat einen Stand gehabt am Markt. Wer ein Standl am Markt gehabt hat, hat schon ein bißl zum Leben gehabt. Das war ein festes Standl mit Borten und Bändern, mit Nadeln und Nähseiden. Die hat sie verkauft, und die Bäuerinnen haben das gekauft.

Mein Vater war der älteste Sohn. Er hat einen jüngeren Bruder gehabt, den Nuchem, der hat der Großmutter das Standl eingerichtet, damit sie soll unabhängig und selbständig sein. Er hat garantiert für die Waren. Er hat selbst gehabt ein Geschäft im Mamritscher Gäßl. Das war so eine spezielle Gasse beim Markt, ein schmales Gasserl, wo lauter Geschäfte waren, Lebensmittel und Kleider und so. Auf beiden Seiten waren nur Geschäfte, auf der einen Seite, auf der andern Seite, überall nur Geschäfte. Er hat Bänder und Borten gehabt. Wenn jemand nur ein Geschäft gehabt hat, war man schon nicht mehr arm. Da hat man schon helfen können. Er war nicht reich, aber er war schon wohlhabend. Er war der reiche Sohn, und mein Vater war der arme Sohn. Der Onkel Nuchem war kinderlos, und er hat uns sehr geholfen, besonders der Schwester. Die Schwester war vierzehn Jahre alt, und sie hat bei ihm geholfen im Geschäft, verkaufen und so. Er hat sie sozusagen adoptiert, wie sie von Rußland gekommen ist. Vielleicht hat er auch meinem Vater geholfen, aus Rußland wegzukommen.

Wart einmal, die haben auch eine Schwester gehabt, die hat Ruchel geheißen. Sie war verheiratet mit einem Mann, der hat Kahane geheißen. Kahane haben viele geheißen, weil sie haben geheißen Kohn, haben sie sich genannt Kahane. Die haben ein Geschäft gehabt, auch im Mamritscher Gäßl, aber die haben Kalach verkauft. Du wirst nicht wissen, was Kalach ist, das kennt man heute nicht mehr. Das sind so weiße Steine, die hat man zerrieben und in Wasser aufgelöst. Das war alles so primitiv! Wenn man die Steine aufgelöst hat, ist es flüssig geworden, und dann hat man damit die Wände von den Häusern so weiß gestrichen. Kalk? Ja, Kalach. Der Sohn von denen ist dann später verhaftet worden, er war so ein bißl ein Kommunist. Nein, kein richtiger Kommunist, glaub ich, ich erinnere mich nicht, ich war noch so jung. Er hat Steine geschmissen und Fenster eingeschlagen in einem Gemeindebau, zusammen mit vielen anderen Burschen. Die Polizei ist ihm nachgelaufen. Er ist dann ausgewandert nach Amerika, in eine große Industriestadt.

Mein Vater hat auch einen Cousin gehabt, der hat geheißen Chajem Nojech Wolfzahn. Das war von meines Vaters Vater der Bruder der Sohn. Er war so alt wie meine Schwester. Der hat in der Russischen Gasse gewohnt. Ganz oben in der Russischen Gasse, schon bei der Panska Ulica, das ist die Herrengasse auf deutsch. Dort hat er ein schönes Geschäft gehabt, ein Juwelengeschäft, mit Gold und Juwelen, mit Auslagen, mit goldenen Uhren. Ganz oben, an der Ecke auf der linken Seite, wenn man zur Panska gekommen ist. Das war ein feines Geschäft, es war nur, er hat die Kunden immer beleidigt, er ist immer grob gewesen zu den Bauern. Er hat mit denen ruthenisch gesprochen und immer geschimpft. Er hat dann geheiratet. Ich war bei seiner Hochzeit. Er hat dann zwei Töchter gehabt, und wir haben die oft besucht in der Russischen Gasse. Ich weiß nicht, was aus denen geworden ist, wahrscheinlich sind sie umgekommen.

Wie die Mutter und ich nach Tarnopol gekommen sind, waren mein Vater und meine Schwester schon ein Jahr dort. Die haben beim Onkel Nuchem im Mamritscher Gäßl gewohnt. Das Geschäft war dort und seine Wohnung auch. Die war mit einem Balkon in einer schönen Straße. Ich kann mich noch erinnern, wie ich am Balkon gestanden bin, im ersten Stock. Ich hab heruntergeschaut auf die Gasse und hab mich gewundert. Das war was Besonderes, deswegen hab ich mir das gemerkt. Ich hab sowas noch nicht gesehen.

Da waren viele neue Sachen! Wie wir gekommen sind, war gerade Pessach, Ostern, da hat von Vaters Schwester dem Mann, den sie geheiratet hat, die Familie uns eingeladen zum Seder, die Mutter und mich und alle. Da bin ich das erste Mal beim Seder gewesen im Ausland. Die waren selber nicht wohlhabend, aber die waren nicht so arm wie wir, und das hat uns sehr imponiert. Alle waren da, alle Kinder. Einen Seder hat man auch gemacht in Berditschew – zu Pessach hat gehört ein Seder –, aber da waren nur wir. Wir haben ja niemanden gehabt in Berditschew, und nach Rizhin ist man nicht oft gefahren. Der erste Seder in Tarnopol war was ganz Besonderes!»

In Tarnopol

Die Mutter wollte, ich soll was lernen

«Wie wir gekommen sind nach Tarnopol, hat man uns einquartiert. Von meinem Vater der Bruder seine Frau eine Schwester, die haben gewohnt in einem sehr, sehr herabgekommenen Haus mit vielen kleinen Wohnungen. Da war auf dem Dachboden unser Zimmer. Da waren keine Stiegen hinauf, sondern nur eine Leiter. Auf der Leiter ist man hinaufgeklettert. Dort oben auf dem Dachboden hat schon gewohnt eine Familie, und die haben uns vermietet zwei Betten. Da war ein Zimmer mit Möbel, in dem einen Zimmer haben wir mit denen gewohnt. Die haben geheißen Pasternak. Die sind schon früher aus Rußland gekommen. Das war ein Mann und eine Frau und ein kleiner Bub, Josef hat der Bub geheißen. Er war zwei Jahre jünger wie ich. Wir haben miteinander gespielt, so a Bub und a Mäderl, wir haben gespielt, wir haben gerauft. Er war so a gescheiter Bub.

Das Haus hat keine Toiletten gehabt. Nur nebenan war ein Gebäude mit Staatstoiletten, so öffentlichen Toiletten. Da waren so Abteilungen, und man hat gewartet, bis frei ist. Die ganze Gasse ist dort hingegangen, alle Leute, Winter und Sommer. Stell dir vor, in der Nacht, da mußte ich die Leiter runter und dann im Nachthemd zu dem Haus und mich anstellen. Das war alles sehr primitiv. Aber die Leute sind gesund geblieben. Gewaschen haben wir uns in der Küche, man hat Wasser in eine Schüssel geschüttet und sich gewaschen. Einmal in der Woche ist man ins Tröpferlbad gegangen. In Berditschew hat's kein Tröpferlbad gegeben, da ist man in die Mikwe gegangen. In die Mikwe gehen nur die Frauen. Ich bin mit der Mutter mitgegangen und hab ihr zugeschaut. Ich kann mich gut erinnern, wie ich bin dort gesessen und hab zugeschaut, wie die Frauen sind reingegangen. In Tarnopol hat's schon ein Tröpferlbad gegeben, da bin ich nicht in die Mikwe gegangen.

Nach ein paar Monaten haben wir dann eine Wohnung gekriegt. Es war in einem gebauten Haus mit einigen Parteien. Wir haben im Parterre gewohnt. Wir haben ein Zimmer gehabt und eine Küche. In der Küche ist man gesessen: da war eine Bank und ein Tisch.

Das war noch vor der Schule. Meine Mutter hat Schwierigkeiten gehabt, mich in die Schule reinzubringen, weil ich war nicht gemeldet. Ich war geboren in Rußland, hab keine Dokumente gehabt. Meine Mutter hat sich gekümmert um diese Sachen. Sie ist herumgelaufen und hat alles mögliche versucht. Sie wollte, ich soll was lernen. Meine Mutter hat mir auch einen Lehrer genommen, wie wir nach Tarnopol gekommen sind, aber ich hab nicht wollen. Immer, wenn er gekommen ist, bin ich davongelaufen.»

Die Lebensumstände waren schwierig, wie fast immer in Flüchtlings- und Migrationssituationen, aber in der Erinnerung meiner Großmutter war die Integration in die neue österreichisch-polnische Gesellschaft eigentlich unproblematisch. Dabei spielte es sicher eine entscheidende Rolle, daß alle Juden Osteuropas, in welchem Kaiserreich sie auch immer ansässig waren, dieselbe Sprache sprachen: Jiddisch. Jüdische Kinder aus Ostgalizien auf der russischen Seite konnten daher mit jüdischen Kindern aus dem Ostgalizien auf der österreichischen Seite sofort in Kontakt treten. Dagegen konnten sie oft weder hier noch dort die Sprache der Nicht-Juden verstehen. Frauen, die Kontakt mit der christlichen Bevölkerung hatten, konnten sich auch in mehr oder weniger gebrochenem Polnisch oder Ruthenisch verständlich machen. Unter den Männern, die sich dem Studium der heiligen Bücher hingaben, galt es aber als unfein, sich anderer Sprachen als des Jiddischen und des Hebräischen zu bedienen. Das trug nur dazu bei, daß man unter sich blieb. Diese soziale Erfahrung machte meine Großmutter, wie wir sehen werden, schon früh.

Einmal kamen wir auf die Organisation der Sozialarbeit innerhalb der jüdischen Minderheit zu sprechen. Als dieses Gespräch stattfand, hatte ich bereits begonnen, mich ernsthaft für den Alltag dieser Kultur zu interessieren. Ich war dabei öfters auf Beschreibungen der wichtigsten jüdischen Hilfsorganisationen gestoßen, die von Spenden abhängig waren und die das Überleben der Minderheit innerhalb der oft fremden und feindlichen Mehrheit auch unter schwierigen sozialen Bedingungen ermöglichten. In dem folgenden Bericht schildert sie an einem persönlichen Beispiel, wie dies in der Praxis vor sich ging. Sie machte hier aber auch Kindheitserfahrungen, die sie meiner Meinung nach fürs Leben geprägt haben. Ich sprach meine Großmutter darauf an, sie aber konnte nicht jeden meiner Gedanken nachvollziehen.

«Es war nicht lang, nachdem ich nach Tarnopol gekommen bin, ich war noch nicht in der Schule. Da war eine alte Frau, privat, die hat immer am Samstag, Sonntag den Leuten Tee gebracht ins Spital, den Patienten. Das war ein jüdisches Spital in Tarnopol, schon ein bißl draußen von der Stadt. Die Frau hat Kinder gesammelt, die Kinder haben ihr geholfen, und ich war auch mit. Da sind wir gegangen von Tür zu Tür, und die Leute haben gespendet Tee, Bäckereien, und wir haben es getragen ins Spital und haben es dort verteilt. Die Leute haben gespendet, einen Krug mit Tee und Bäckereien. Jeder hat ein bißl was gegeben. Die Frau hat das verteilt. Samstags sind wir marschiert, man ist nicht gefahren, man ist gegangen, das war schon ziemlich weit draußen, jeden Samstag oder Sonntag, ich kann mich nicht mehr genau erinnern. Wir waren viele Kinder, zehn vielleicht. Ich war auch dabei. Nein, das war keine Hilfsorganisation, es hat keine jüdischen Hilfsorganisationen gegeben, von denen ich weiß, überhaupt nicht, alles war nur privat. Es war einfach eine gutherzige Frau, das war freiwillig, vielleicht hat sie gesehen, die Patienten brauchen das.

Wenn der Doktor gekommen ist, war das teuer für die armen Leute, die nichts gehabt haben. Er hat keine Ordination gehabt, so wie man heute hat. Wenn jemand krank gewesen ist, ist er nur mit dem Wagen hingefahren zu den Leuten. Man hat müssen den Doktor zahlen und seinen Pferdewagen auch.

Ich weiß nur, mein Vater war krank, er hat zu tun gehabt mit der Niere, hat man ihn genommen ins Spital. Einmal, wie ich dort war im Spital mit der Frau, wollte ich meinen Vater besuchen in dem Spital. Da war das mit dem Aufseher. Ich hab den Aufseher gefragt, ob ich zu ihm gehen kann, und der Aufseher von dem Spital hat mich aufs Knie genommen und hat mich abgetatschelt. Ich bin dann davongelaufen. Ich hab nicht verstanden, hab nicht gewußt. Stell dir vor! Ich hab mir das damals noch so überlegt, ich hab oft dran gedacht. Wie blöd so ein Kind ist! Ich war noch klein, acht, neun Jahre, glaub ich. Ich bin dann nicht mehr hingegangen. Mein Vater ist gesund geworden und ist rausgekommen.

Wir haben damals in der Lemberger Gasse gewohnt – die Lemberger Gasse war eine lange, elegante Straße. Im gleichen Haus mit uns hat die Lorber Pesie gewohnt. Sie war eine Schneiderin mit Kunden, so wie ich es später geworden bin. Die haben vorne gewohnt und haben eine Werkstätte gehabt, und wir haben rückwarts gewohnt und haben ein Zimmer gehabt. Die Lorber Pesie hat eine Tochter Schejndl gehabt, mit der ich immer gespielt hab. Wir sind im Hof gesessen, und die Mutter hat uns Resteln gegeben. Stoffe und Seide. Wenn was übriggeblieben ist, hat sie es uns gegeben, und wir haben damit gespielt. Acht Jahre war ich ungefähr, und ich hab schon ein Auge für die Schneiderei gehabt! Ich hab nur mit der Tochter zu tun gehabt, die Mutter hab ich nur gekannt, weil sie uns Stoff zum Nähen gegeben hat. Da war noch eine jüngere Schwester, die Sure, und noch zwei Brüder. Der ältere Bruder von der Schejndl ist gestorben an der ‹schlafenden Krankheit›, aber das war schon später, da haben wir alle schon woanders gewohnt. Meine Mutter hat die Mutter von denen einmal getroffen, und da hat sie das erzählt.

Am Anfang, wie wir bei der Pesie Lorber gewohnt haben, hat meine Schwester noch bei uns gewohnt. Ich weiß nur, damals hat man meiner Schwester vorgeschlagen den Chuschtschatener Boy. Das war vom Husiatyner Rabbiner a Gabbe der Sohn von ihm. A Gabbe is a Angestellter vom Rebbn, der alles organisiert, und das war der Sohn. Er ist nach Tarnopol gekommen mit dem Vater, um zu verhandeln. Er hat sich eingemietet in einer Wohnung bei jemandem. Er hat gewohnt ganz in der Nähe von uns, ein bißl weiter, um die Ecke hat er gewohnt. Ich weiß nicht, ob er die Schwester gesehen hat oder nicht. Frage nicht! Sie durfte ihn auf jeden Fall nicht anschauen – man hat ja nicht gewußt, ob was werden wird davon. Meine Schwester hat gesagt: ‹Du geh!

Schau ihn an!› Da bin ich gelaufen und hab beim Fenster hereingeschaut, ihn zu sehen. Ich war ein kleines Mäderl, da hab ich mich getraut alles zu machen. Stell dir vor, wenn man geht beim Fenster jemand beobachten! Hab ich nur aufgepaßt, man soll mich nicht finden. Jedenfalls bin ich gegangen beim Fenster reinschauen, wie er ausschaut. Er war ein kleiner, schlanker, junger Bursch, kein Bart. Den hat sie dann geheiratet. Wahrscheinlich hat mein Vater die Ehe arrangiert. Er war doch ein Anhänger von dem Rabbiner in Husiatyn.

Sie war sehr unglücklich mit dem. Er hat sie eingesperrt in der Wohnung in Husiatyn und sie nicht hinausgelassen. Meine Schwester war doch so etwas Gutes, das kann man sich nicht vorstellen. Sie war so ein guter Mensch. Um solche Leute tut's mir leid. Sie ist ihm dann davongelaufen. Der muß ein Schwein gewesen sein! Sie war schwanger, und das Kind ist tot geboren. Sie hat sich so gekränkt, sie war so unglücklich, daß sie ihm davongelaufen ist und nach Tarnopol zurückgekommen ist, da haben wir noch in der Lemberger Gasse gewohnt. Der Mann von ihr hat verlangt Geld für die Scheidung, das hat der Onkel Nuchem dann bezahlt. Meine Schwester war doch viel älter von mir, sie war vielleicht sechzehn, sie war sehr schön und schlank und alles. Damals haben die jungen Mädels getragen so einen Fuchs um den Hals. Und die Mutter, irgendwie hat sie Geld gespart und hat ihr gekauft so einen Fuchs: Sie soll nicht zurückstehen von den andern. Ich weiß nicht, wie die Mutter das geschafft hat. Es waren ja schlechte Zeiten, und der Beruf vom Vater hat nicht viel hergegeben.»

Bei einem unserer zahlreichen Interviewgespräche berichtete ich meiner Großmutter, was ich alles seit dem vorhergehenden Gespräch über Tarnopol in Erfahrung gebracht hatte. Ich hatte des öfteren erlebt, daß irgendein zufälliges Wort zu einem Stichwort werden konnte, das eine Reihe von Assoziationen auslöste und Erinnerungen wachrief, die sie selbst längst verloren geglaubt hatte. Bei solchen Gelegenheiten konnte sie sich wie ein kleines Kind freuen, ja, sie erlebte ihre Kindheit von neuem, begann auch gelegentlich wieder Jiddisch zu sprechen, die Sprache ihrer Kindheit. Ihre Entdeckerfreude und ihre eigene Überraschung waren so groß, daß es mich anspornte, nach solchen Katalysator-Details zu suchen. Gelang es, dann lachte sie auf und meinte: «Wart a Momenterl, da fällt mir was ein!» Und wenn sie dann ihre Einfälle von sich gegeben hatte, rief sie aus: «Stell dir vor, du weißt schon mehr wie ich!» So ging es auch zu, daß ich sie dazu gewinnen konnte, mehr über ihre Schule zu erzählen, als sie selbst zu wissen glaubte. Ich erzählte ihr, daß Tarnopol einen ganz anderen historischen Ruf hatte als Berditschew: Tarnopol sei im vorigen Jahrhundert die wichtigste Stadt der jüdischen Aufklärung in Galizien gewesen. Hier hätte man die erste deutschsprachige Synagoge gegründet, den ersten Leseverein mit deutschen Büchern, und hier hätte der Aufklärer Josef Perl die erste weltliche Schule für jüdische Kinder gegründet. Und das war das Stichwort. «Perl!» rief sie aufgeregt. «Ich bin ja in die Perlschule gegangen in Tarnopol.»

In einem biographischen Lexikon steht über Joseph Perl: «Den größten Theil des eigenen Hauses räumte er zum Schullocale ein, eröffnete im Jahre 1813 mit 16 Schülern einen Lehrkurs im Elementarunterricht... Bald wuchs die Zahl der Schüler zusehends, und als sie gar hundert erreichte, stellte sich das unabweisbare Bedürfnis heraus, ein eigenes Schulgebäude zu erbauen. Auch dafür sorgte Perl. Innerhalb zwei Jahren stand ein schönes Schulhaus und eine reich ausgestattete Synagoge in Tarnopol da... Außer allen in österreichischen Normalschulen vorgetragenen Lehrgegenständen wurden in derselben noch hebräische Grammatik, der Elementarunterricht im Talmud, das Ceremonialgesetz für die Knaben, sowie weibliche Handarbeiten gelehrt. Im Jahre 1820 trat Perl die Gebäude samt Einrichtung der Gemeinde als Eigenthum ab.» In der sechzehnbändigen Encyclopaedia Judaica ist zusätzlich noch vermerkt, daß die von Joseph Perl gegründete Schule nach 1848 um eine Mädchenschule erweitert wurde. Ab 1860 hätte sich dann unter den Aufklärern Tarnopols zunehmend die Tendenz gezeigt, sich an die polnische Gesellschaft und Kultur zu assimilieren. In diese Mädchenschule muß meine Großmutter gegangen sein:

«Ich bin ja in die Perlschule gegangen in Tarnopol. Das war in der Perlgasse. Da war eine Synagoge. Das war ein schönes, gebautes Haus, mit einem Eingang auf einem großen Platz. Unten war ein Bethaus, und im ersten Stock über der Synagoge war die Schule – eine liberale Schule, keine fromme. Da waren Stiegen hinauf, so von der Seite, und oben war die Schule. Ich bin zwei Jahre in die Schule gegangen. Alles andere habe ich vom Leben gelernt. Was brauch ich studieren, wenn ich das wirkliche Leben hab? Wenn ich denke, was man heute hineinsteckt in das Studium von Kindern! In der Schule gab es nur zwei Klassen, eine für die Sechs- bis Achtjährigen, eine für die Acht- bis Zehnjährigen, die Fortgeschrittenen. Ich war aber doch schon acht oder mehr, bevor ich in die Schule gekommen bin. Wir sind ja erst aus Rußland gekommen, und dann hat es so lang gedauert, wegen der Papiere, die nicht in Ordnung waren. Es war ja sehr schwer, in die Schule zu kommen. Aber die Mutter war sehr tüchtig im Organisieren. Sie hat nicht aufgeben, bis man mich aufgenommen hat in der Schule. Ich war schon so groß und mußte mit den Kleinen in die Klasse gehen. Ich war schon so erwachsen und körperlich sehr entwickelt und war noch in der Schule! Da hab ich mich so geschämt, daß ich immer einen großen Umweg gemacht habe, um beim größeren Schultor hineinzugehen. Meine Lehrerin hat bald festgestellt, daß ich selbständig und verantwortungsbewußt war und hat mich zu ihrer Mutter geschickt, damit ich ihr Erledigungen mache. Die Lehrerin hatte eine Mutter, die war blind, da konnte sie nichts einkaufen. Da hat man mich geschickt für die Mutter einkaufen. Deshalb hab ich nicht so gut lesen und schreiben gelernt. Überhaupt keine Schulung hab ich gekriegt. Alles, was ich weiß, hab ich mir allein verschafft.

Wie ich in die Schule gegangen bin, da hat man einmal erwartet den Kaiser Franz Joseph. Da hat man uns gelernt. Die einen haben gesungen, die andern getanzt, man hat eine ganze Party vorbereitet, um den Kaiser von Österreich zu empfangen. Jedes Kind hat ein Lied gesungen. Ich konnte nicht singen, da hat man mir ein Gedicht gelernt. Der Kaiser hätte nach Tarnopol kommen sollen, er ist aber nicht gekommen. Ich weiß nicht, was da passiert ist. Aber ich meine nur, daß man mich abgerichtet hat. Ich hab müssen aufsagen ein Gedicht für den Kaiser. Auf Polnisch haben wir aufgesagt. Polen hat doch damals zu Österreich gehört. Wir waren Polen. Man hat in der Schule nur Polnisch gelernt, Jiddisch konnte man ja nicht verwenden, das konnte der Postmann nicht. Ich weiß nicht, wo ich Jiddisch schreiben gelernt habe. Vielleicht zu Hause. Jedenfalls hab ich später mit der Schwester in Jiddisch korrespondiert. Ich kann es noch heute. Nicht gut, aber doch. Wie ich angefangen hab, in die Schule zu gehen und lesen zu lernen, da habe ich viele Bücher gelesen. Auf Polnisch. Jiddische Bücher hab ich nicht gelesen. Wahrscheinlich hab ich sie mir ausgeborgt von einer Chawer, einer Freundin. Ich hab sehr gern Bücher gelesen. Ich weiß noch, da war ein Tisch mit einem Tischtuch, das ist runtergehangen bis zum Boden; da bin ich heruntergekrochen unterm Tischtuch, hab mich versteckt und hab unter dem Tisch polnische Bücher gelesen.»

Man hat nur verkehrt die Juden unter sich

«Ich weiß nicht, was ich nach der Schule gemacht hab. Vielleicht bin ich zu Hause gewesen bei der Mutter? Ich weiß nur, in meinem Kop is immer gewesen mit Verdienen Geld. Ich hab so Wohltätigkeitssachen gemacht. Und manchmal bin ich zu dem Onkel ins Geschäft gegangen, dort im Mamritscher Gäßl, und hab dort a bißl aufgepaßt. Am Mittwoch oder Donnerstag war da ein Markt, da sind sie gekommen die Bäuerinnen. Die haben sehr gestohlen: Da hat man müssen aufpassen. Die Bäuerinnen, die hereingekommen sind in die Stadt, die waren arm, die haben nur gehabt, was sie bei sich gehabt haben. A Hendl haben sie gehabt, was sie verkauft haben, das war das einzige. Davon mußten sie leben die restliche Woche. Haben sie verkauft ihre Waren, haben sie sich vielleicht in der Stadt was gekauft, was weiß ich was, a Schürze vielleicht? Sind sie einkaufen gegangen, was sie gebraucht haben: Bänder, Knöpfe, Vorhänge. Auf jeden Fall weiß ich, es war ein gestopftes Geschäft. Meine Schwester hat geholfen im Geschäft, wenn Markttag war, und ich hab manchmal aufgepaßt. Die Juden waren selten vom Land. Nur die Bäuerinnen sind vom Land gekommen, die Juden haben meistens in der Stadt gewohnt.

Den Bauern ist es schlechtgegangen und den Juden auch. Den Juden ist es besonders schlecht gegangen. Die andern sind noch gegangen arbeiten für so eine Sklavenarbeit. Aber die Juden hat man gar nicht genommen, denen ist es am schlimmsten gegangen. Die haben noch eingehalten die Religion, hat man noch gehalten mit dem Koscheren, und man ist gegangen dawenen, das heißt beten. Die haben müssen gehen das und das, haben sie nicht können gehen arbeiten wie die andern. Das war eine Beschwerde!

Es war sehr schlecht für die jüdische Bevölkerung. Überhaupt keine Möglichkeiten, was zu verdienen. Von Arbeit war überhaupt keine Rede. Nur wenn jemand gescheit war, hat er können handeln. Wer ein Geschäft gehabt hat, war schon reich, wer ein Standl gehabt hat, hat schon was gehabt, aber im allgemeinen war nichts. Das waren sehr miese Zeiten, es war Armut, es war keine Gelegenheit für die Männer, zu arbeiten, man hat nichts machen können. Es waren keine Fabriken. Nur wo das Öl war, war Arbeit, aber das war weit von uns – das war eine sehr schwere Arbeit. Aber natürlich, wenn man in der Verzweiflung ist, spielt das keine Rolle.

Mein Vater war ein Melamed, da hat man nicht viel verdient. Mein Vater hat so wenig verdient, daß, wenn es uns schlechtgegangen ist – oder manchmal überhaupt nicht –, ist meine Mutter gegangen und hat sich genommen einen Stand am Markt. Man hat müssen eine Erlaubnis haben von den Behörden, aber wer hat gefragt? Die Großmutter hat einen festen Stand gehabt, aber die Mutter nur, wenn es schlechtgegangen ist. Die Ware hat sie beim Wholesale genommen, hat das verkauft und ein bißl was verdient. Wenn sie ausverkauft hat, hat sie abgezahlt. Wenn sie noch Geld gehabt hat, hat sie dazugekauft, wenn nicht, hat sie aufgehört. Meine Mutter hat sehr gelitten darunter, daß man so arm war.

Der Vater hat schlecht gesehen, aber er hat keine Brillen getragen, ich hab jedenfalls nie Gläser gesehen. Wahrscheinlich hat er sich keine leisten können. Am Abend, wenn er nach Haus gekommen ist, da hat er gehabt so einen Blaustein, es hat ausgesehen wie so ein Stein nach dem Rasieren, mit dem hat er sich die Augen gewischt. Der Vater hat einen Cheder gehabt in Tarnopol. Da ist er gegangen mit seinen Pejes und seinem Kaftan und hat Buben unterrichtet, die waren schon sieben, acht Jahre alt. Irgendwo hat er, glaub ich, ein Zimmer gehabt. Nein, in der Synagoge im Vorraum is er gesessen. Er hat gemietet in der Synagoge das Lokal, dort hat er gehabt Kinder zum Lernen. Manchmal hat er auch zu Haus unterrichtet, ich weiß nicht, vielleicht war es zu kalt in der Synagoge, oder es war schon wer anderer da. Das war sein Privatunterricht. Und am Samstag is er dann zu den Kindern nach Haus gegangen. In Gegenwart der Eltern hat er die Kinder geprüft, dann mußten sie zeigen, was sie gelernt haben während der Woche. Wenn die Kinder was können haben, dann hat der Vater sein Geld gekriegt. Manche Kinder sind am Freitag gekommen mit Kleingeld und haben ein bißl gezahlt. Nicht viel, weil die Leute, die ihre Kinder geschickt haben, waren selber arm. Aber sie wollten, die Kinder sollen was lernen. Aber das war kein Einkommen. Ein Melamed war sehr respektiert, aber sehr arm. Man hat müssen sehr sparen. Es war eine schlechte Zeit, wenn man fromm war.

Alle jüdischen Leute waren damals fromm, haben ein koscheres Haus geführt und so und den Schabbes gehalten. Da gab's auch Nicht-Juden, aber man hat nur verkehrt die Juden unter sich. In Tarnopol war ich auch noch fromm. Sehr, sehr fromm. Ich hab nichts anderes gekannt. Da hab ich nicht dürfen am Schabbes mir meine Schuhe putzen, mich frisieren. Meine Mutter war sehr streng. Sie hat mir eine Watschn gegeben, wenn was nicht in Ordnung war. Sie war sehr streng mit mir. Wenn ich was gemacht hab, was ich nicht durfte, hat sie mir eine runtergehaut und gesagt: ‹Nächstes Mal darfst du das nicht machen!› Wenn man mir gesagt hat: ‹Das darfst du nicht machen!›, das hab ich erst recht versucht zu machen. Ich hab nichts Böses gemacht, aber Verbotenes. Meine Schwester hat mir immer in Güte zugeredet und gesagt: ‹Mach das nicht, mach das nicht.› Zum Beispiel, wenn ich mir am Samstag die Schuhe geputzt hab, die Haare frisiert hab – das darf man am Schabbes nicht machen –, hat sie gesagt: ‹Bei diesen Eltern darfst du das nicht machen!› Sie hat mich immer gewarnt. Die haben nur nicht wollen, ich soll machen Sachen, die man am Schabbes nicht machen darf.

Wenn mein Vater gesagt hat, am Schabbes darf man sich nicht frisieren, hab ich gesagt: ‹Die ganze Woche arbeite ich, am Samstag soll ich herumgehen schmutzig mit nicht frisiertem Kopf und mit schmutzigen Schuhen?› Hab ich gesagt: ‹Was für ein Schabbes ist das?› Ich hab das nicht verstehen können, daß man so was nicht machen darf. Er hat nichts erklärt, er hat nur gesagt, man darf nicht. Ich hab's halten müssen, hab nichts anderes gewußt. Später hab ich dann alles aufgegeben. Ich hab auch nie einen Schejtl getragen. Du weißt, wenn man geheiratet hat, hat man abgeschnitten die Haare und hat gebraucht einen Schejtl, das waren Perücken aus richtigen Haaren, aber nicht aus den eigenen, die sind nicht so lang geworden, man hat ja jung geheiratet. Meistens haben die Frauen ein Tuch getragen, den Schejtl hat man nur getragen bei besonderen Gelegenheiten, samstags und so. Meine Mutter hat auch einen Schejtl getragen. Sie war eine kleine, dicke Frau mit einem Schejtl. Natürlich, sie war arm, konnte sie nicht einen schönen tragen. Meine Schwester hat auch einen Schejtl getragen zuerst mit dem ersten Mann. Sie war ja zuerst verheiratet mit dem Gabbn, der war ein Chussid. Später hat die Schwester dann wieder geheiratet. Ihr zweiter Mann, der is normal angezogen gewesen, da hat sie es dann ausgezogen. Natürlich – ich war jünger, ich hab's nicht getragen. Ich hab ja schon in Wien geheiratet, das war ganz was anderes.»

Während der Jahre, innerhalb derer ich die Interviews mit meiner Großmutter auf Band aufnahm, änderte sich der Schwerpunkt meines persönlichen Interesses einige Male. Anfangs waren es vor allem die familiären Hintergründe, auf die sich meine Fragen bezogen. Schwestern, Tanten, Onkel, Großväter mit exotischen Namen und Berufen tauchten zuerst auf und faszinierten mich. Ich wollte gleichsam die gesamte Familie kennenlernen, zeichnete Stammbäume, lernte ihre Namen auswendig. Plötzlich waren da Wurzeln, von denen ich nichts geahnt hatte. Diese Wurzeln waren aber auch Geschichte und Kultur, die ich unvorhergesehen als meinen eigenen Hintergrund anerkennen mußte. Ich unternahm folglich den Versuch, diese Kultur zu verstehen. Viele Fragen an meine Großmutter waren von diesem Interesse geprägt. Sie handelten davon, was man aß, wie man sich wusch, wie man sich kleidete, woran man glaubte, welche Sprache man sprach und wie man sein Geld verdiente. Jedes Detail des jüdischen Alltags beschäftigte mich in dieser Periode. Später folgten dann einige Interviews, die ganz im Interesse ihrer Integrationsfähigkeit standen. Immer wieder war meine Großmutter in neue Länder gekommen und hatte ihre Lebensweise dem neuen Ort, der neuen Zeit angepaßt.

In Tarnopol liegen erst die Anfänge, die dann später voll zur Blüte kommen sollten. In ihren Berichten klingt das wie das Natürlichste der Welt, daß man sein Leben jeweils an Milieu, Ort und Zeit anpaßt. Hier führt sie drei Gründe an, die entschieden, ob ein jüdisches Mädchen nach der Heirat Schejtl trug oder nicht: Man änderte sein Verhalten, weil man jünger war, das heißt, tempora mutantur; oder aber, weil man schon in Wien heiratete, das heißt: andere Länder – andere Sitten; oder aber auch, weil man nicht mit einem Chassiden verheiratet war, das heißt, man heult mit den Wölfen. Da die Bedingungen der Anpassung nicht nur Geschichte sind, sondern auch heute aktuell sind, habe ich dieser Frage sehr große Aufmerksamkeit geschenkt. Der Abstand zwischen dem Rußland-Jiddischen ihrer frühen Kindheit und dem England-Deutschen ihres Alters ist ebenso groß wie der Abstand zwischen dem frommen chassidischen Milieu, in dem sie aufwuchs, und dem aufgeklärten modernen Leben, das sie heute führt. Das alles innerhalb eines Lebens! Ich wollte wissen, wie das möglich war, wie dieser Prozeß abgelaufen ist. Es beginnt zwar mit der Geschichte der traditionsgebundenen frommen Juden in Ostgalizien – mit ihrem Schulgang und ihren Interessen ist sie aber schon von frühester Kindheit mitten in der Änderung drinnen. Immer wieder spürt man, zugleich mit der Unbeweglichkeit des Milieus, den Aufbruch aus dem Milieu.

«Der Vater hat mich nicht unterrichtet, was ich machen darf und was nicht, meine Mutter hat mir nicht erzählt, wie man sich benimmt. Das hab ich schon von allein gewußt. Ich war fromm, ich hab nichts anderes gekannt, aber später hab ich dann alles aufgegeben.

Mein Vater war sehr gläubig. Er ist gegangen mit Pejes und Bart. Er hat gehabt einen braunen Bart, nicht schwarz, sondern so rotbraun. Er ist immer im Kaftan gegangen, mit einem Gürtel, aber mit normalen Hosen. Es wird gegeben haben für die frommen Leute spezielle Schneider. Ich weiß nicht, wo man Kaftan gekauft hat, vielleicht vom Rebbn aus. Den Kaftan hat er jeden Tag getragen. Er hat nichts anderes gehabt, glaub ich. Ich weiß, daß ich einmal Geld gegeben hab für einen neuen Kaftan für den Vater, aber da war ich schon in Wien. Am Samstag, wenn man in die Synagoge gegangen ist, hat jeder ein Schtraml getragen, einen Hut mit Pelz, aber man hat's nicht getragen jeden Tag, nur bei feierlichen Gelegenheiten. Für jeden Tag hat er nur getragen ein Kapeletsch, so einen Hut, auch wenn er lernen gegangen ist.

Mein Vater war ein sehr gläubiger Anhänger von dem Rabbiner in Husiatyn. Das war a sehr berühmter Rebbe, der Chuschtschatener Rebbe. Wie er geheißen hat, weiß ich nicht, man braucht keinen Namen haben, wenn man der Chuschtschatener Rebbe ist, der war berühmt! Es waren viele Rabbiner in der Gegend, aber der war berühmt. Die Juden von ganz Polen sind hingefahren zu ihm, sich segnen lassen. Die ganzen Chassidim sind zu den Feiertagen hingefahren. Der Onkel Nuchem, der Bruder von meinem Vater, war auch ein Chussid, aber der is nicht gefahren nach Husiatyn. Aber mein Vater is gefahren, er war ein sehr gläubiger Anhänger vom Chuschtschatener. So wie man heute auf Urlaub fahrt, is man damals zum Rebbn gefahren. Ich war auch in Husiatyn: Wie meine Schwester dort verheiratet war, glaub ich, hab ich sie besucht.

Chuschtschaten, das war in Polen, das war ein kleines Schtetl, daran kann ich mich noch sehr genau erinnern. Mein Vater ist nicht so oft hingefahren, er hat nicht soviel Geld gehabt. Dafür ist der Rebbe jedes Jahr nach Frankreich gefahren auf Kur, und wenn er is gefahren nach Frankreich in einen berühmten Kurort, da is er bei Tarnopol vorbeigekommen. Das war was, sag ich dir! Da sind alle Juden zum Bahnhof gelaufen, um den Rebbn zu sehen. Von überall sind sie gekommen, die Juden. Mein Vater auch. Alle Chassiden sind zur Bahn gegangen, den Rebbn begrüßen, wenn er in Tarnopol vorbeigefahren ist: Da haben sie ihn gesehen. Sonst haben die Chassiden den Rebbn ja nicht gesehen. In Husiatyn haben sie nur Zettel gebracht und Geld und es ihm hineingeschickt.

Am Samstag abend sind die Chassiden gekommen und haben in der Synagoge getanzt und gesungen. Man hat den Schabbes herausbegleitet. Schabbes Nacht is man gegangen in Schil, hat gesungen, getanzt, hat gehalten sich bei den Schultern. Es war voll. Ich war nicht mit, aber ich weiß. Mit noch Kindern hab ich hereingeschaut beim Fenster. Das war keine große Synagoge, nur ein kleines Häusl, a Schil, eine Besmedresch war das, speziell für die Chuschtschatener Chassiden. Dort hat mein Vater gebetet. Es waren auch noch andere Chassiden mit anderen Schilen, aber das war die Chuschtschatener.»

Eine Frau muß arbeiten und verdienen können

«Die Frauen sind nicht gegangen, die sind zu Hause geblieben und haben gearbeitet. Meine Mutter war keine Anhängerin von dem Rabbiner. Sie war so wie ich. Sie war praktisch, sie hat sich gekümmert um Tatsachen. Bei ihr waren die Kinder die Hauptsache. Für mich war maßgebend, daß der Vater gut war. Er war ein sehr guter Mensch, ein ruhiger Mensch, nie hat er uns Kindern ein böses Wort gesagt, nie hat er geschimpft. Die Mutter war sehr streng, aber er nicht. Niemals hat er mich angerührt, niemals geschlagen, weder mich noch meine Schwester. Wann immer der Vater was gehabt hat an Geld, hat er es der Mutter gegeben. Er hat nie einen Groschen angerührt, er hat nie Geld bei sich gehabt. Sie hat ihm gegeben so viel, daß er sich ein Packerl Tabak gekauft hat und Zigarettenpapier – er hat gedrehte Zigaretten geraucht. Er hat sonst nichts gebraucht. Schabbes is er gekommen und hat mitgebracht einen Mann zum Essen. Hat er gesagt zu meiner Mutter: ‹Ich b'n n'cht hungrig.› – ‹Ich bin nicht hungrig heute, ich will gar nicht essen, ich will nur ein Glasl Tee mit Zitrone, nichts anderes.› Nachher hat die Mutter ihn gefragt, warum, hat er gesagt: ‹Der hut schun drei Tug n'cht gagesn.› – ‹Der Mann hat schon drei Tage nichts gegessen.› Na, wer tut so was? Mein Vater war ein so herrlicher Mensch, so was Gutes, das kannst du dir nicht vorstellen!

Meine Eltern waren arm. Meine Mutter war sehr, sehr fleißig im Arrangieren von Sachen mit dem Kochen. Sie hat immer alles im Haus gehabt. Am Gang draußen, da ist gestanden ein holzerner Kasten mit Türen und Laden, da waren drinnen saure Gurken und Pickles, Hering marinierter, große Gläser eingelegte Kirschen und Kompott, den meine Mutter gemacht hat. Alles war dort vorbereitet. Man hat gegessen eingehackte Leber und so. Sie hat alles vermehrt, viel hergerichtet. Von a Stickerl hat sie gemacht viel. Sie war sehr tüchtig mit dem Einkaufen und mit dem Kochen. Ich hab dir doch gesagt: Sie hat gekauft ein Pfund kleine Fischerln, hat es faschiert, gemacht ein Mittagessen für zwei, drei Tage für ein paar Groschen. Unerhört! Sie ist nicht gesessen leer und hat nichts gemacht, sie hat alles gemacht, um den Kindern zu geben. Genäht hat sie nicht, ich weiß nicht, woher wir Kleider und Schuhe gehabt haben. Sonst hat sie alles allein gemacht: Fußboden gewaschen, Holzboden gerieben mit der Bürste, gekocht, vorbereitet. Ich hab nicht viel geholfen beim Kochen, sie hat mich nicht lassen, sie hat alles allein gemacht. Uns hat nichts gefehlt. Wir waren arm, aber die Kinder haben keine Not gelitten. Ich kann mich nicht erinnern, daß ich jemals hungrig war. Das hat überhaupt keine Rolle gespielt. Wie es war, war es.

Ich hab niemals etwas vermißt. Man hat nicht geschaut auf Luxus. Ich hab das damals nicht so geschätzt, aber nachher hab ich gesehen, wie schwierig sie es gehabt hat. Deswegen sag ich immer: Gute Eltern müssen die Kinder unterstützen. Wenn die Kinder dann können, können sie geben. Manche geben, manche geben nie. Man muß damit rechnen. Wenn eine Mutter ein Stükkerl Brot hat, muß sie es in drei Teile teilen – je nachdem, wieviel Kinder sie hat! Uns hat nichts gefehlt. Weißt du, man war nicht verwöhnt. Die beste Zeit war, wenn ich gearbeitet und verdient habe. Dann hab ich alles gehabt. Mein Glück war nur, daß ich sehr bescheiden bin, ich hab nie mehr gebraucht, als ich hab. Ich hab nie gesagt, ich möchte das, ich möchte das. Nie. Was ich gehabt hab, war für mich genug. Es war eine schlechte Zeit, aber ich hab mich nicht beschwert. Ich wollte nur immer unabhängig sein.

Der Anlaß dafür, daß ich angefangen habe, Schneiderei zu lernen, war, daß ich eine große, schwarze Taftschleife haben wollte. Aber wir waren zu arm dazu. Da hab ich beschlossen, was ich haben will, muß ich selber machen. Aber ich wollte keinen Beruf haben, wo man zuerst Geld braucht, um anfangen zu können, weil das hab ich nicht gehabt. Zum Beispiel, wenn man ein Standl gehabt hat am Markt, hat man müssen Geld haben, um sich Bänder zu kaufen. Man mußte Anleihen aufnehmen. Das habe ich gesehen bei der Mutter und bei der Großmutter. Die hat ein Standl gehabt, aber dann hat sie aufhören müssen, sie hat das Geld nicht zurückzahlen können. Das wollte ich nicht. Deshalb habe ich angefangen zu nähen.

Ich hab mir gesagt, ich will eine schwarze Masche im Kopf, und die muß ich mir allein verdienen und allein kaufen. Und ich hab sie gekauft! Für das erste Geld, das ich verdient hab, hab ich mir eine schwarze Masche gekauft. Ich hab Glück gehabt in meinem Beruf, wirklich wahr. Ich hab gewählt den Beruf, den ich gerne gemacht habe. Ich hab ihn auch gepflegt, ich hab ihn nicht für leicht gehalten. Das hat mir Glück gebracht. Dafür finde ich immer, eine Frau, die abhängig ist von einem Mann, die nicht verdienen kann, das ist furchtbar.

Ich bin in die Lehre gegangen bei einer Schneiderin irgendwo in der Nähe von uns. Ich kann mich erinnern, es war von der Lemberger Gasse eine Seitengasse. Da war eine Mutter, die hat eine Bäckerei gehabt und hat Brot gebacken und verkauft. Und im Zimmer hat die Tochter eine Schneiderwerkstätte gehabt. Damals hat man zahlen müssen, um in die Lehre zu gehen. Meine Mutter hat ihr versprochen Geld. Nicht wie hier, wenn du gehst lernen, zahlt man dir! Dort hat man selbst zahlen müssen fürs Lernen. Nach einem halben Jahr hab ich zu meiner Mutter gesagt, sie braucht nicht mehr zahlen, ich kann es schon. Da hab ich schon zu Hause angenommen Arbeit und hab den Rest selber bezahlt. Ich hab angefangen für die Leute im Haus zu nähen, der Nachbarin hab ich schon eine Bluse gemacht und so. Ich hab die Bluse mitgenommen, dort, wo ich in der Lehre war, und hab sie abgesteppt. Dort war eine Maschine. Die war nicht modern, eine Tretmaschine, keine automatische. Das war Schwarzarbeit. Meine Eltern waren froh, daß ich was verdient habe. Und ich habe mir nicht viel dreinreden lassen.

Ich hab immer gewußt, was ich will und was ich tu. Ich weiß nicht, von wo ich das gehabt hab. Meine Mutter hat mir jeden Tag in der Früh ein zweites Frühstück gebracht, überall, wo ich gearbeitet hab. Ich hab auch zu Hause gewohnt und gegessen, auch wie ich schon verdient habe. Ich glaube, sie hat nur mir das Essen gebracht, dem Vater nicht, ich weiß aber nicht. Bei der Bäckerstochter bin ich ziemlich lange in die Lehre gegangen. Vielleicht ein Jahr, vielleicht zwei. Aber ich hab das Gefühl gehabt, ich kann schon. Ich hab gern gemacht meine Arbeit. Wenn man was macht, was man gerne macht, ist es viel leichter zu erlernen. In zwei Jahren war ich fertig, ich wollte nicht mehr lernen. Dann bin ich schon wieder woanders gegangen.

Ich bin dann bei einem Herrenschneider gewesen. Das ist mir dann zugute gekommen, wie ich in Wien war. Zu dem bin ich nur gegangen, weil ich wollte Kostüme machen können. Ärmel. Vielleicht ein Jahr habe ich nur mit Jackenärmel gearbeitet. Genau, wo man einhalten muß und wo man auslassen muß. Ärmel sind sehr wichtig. Ärmelnähen ist das Schwierigste. Die andern Schneiderinnen haben keine Kostümjacken gemacht, aber ich war so ambitious. Ich wollte nur mehr lernen. Wie ich gehört habe, er ist Damenschneider, er macht schöne Sachen, bin ich hingegangen und hab gefragt, ob er mich nehmen will. Ich bin rekommandiert worden.

Ich hab dann auch gearbeitet bei einer Schneiderin, die hat gehalten Lodgers, Studenten. Da waren zwei Brüder, die waren vom Land und haben studiert in Tarnopol und haben gewohnt bei der Schneiderin. Ich dürfte dort nicht lang gewesen sein, weil ich kann mich nicht viel erinnern. Ich weiß nicht einmal, ob ich dort gelernt hab oder ob ich für sie genäht hab. Das war ein sehr elegantes Geschäft, das war in der Stadt, weit weg von uns. Ich kann mich nur erinnern an die zwei Brüder, weil die hab ich wieder getroffen, wie ich schon in Wien war. Der eine ist ein Solicitor geworden, ein Anwalt, und seine Frau hat sich bei mir Kleider machen lassen, da haben wir uns erinnert, wie ich dort gearbeitet hab bei der Frau in Tarnopol.

Dann hab ich die Salka kennengelernt. Sie war eine Schneiderin, die hat zu Hause eine Werkstätte gehabt mit ein paar Mädeln und occasional ist sie zu Hochzeiten und Bar Mitzwes in die Häuser nähen gegangen. Wenn jemand geheiratet hat, hat man sie für vier Wochen oder so ins Haus genommen, und sie hat alle Kleider gemacht: für die Braut, für die Mutter, für die Kinder, für alle. Und ich war ihre Hilfe. Ich hab gekriegt Essen und hab ihr geholfen. Wir haben dort gut gegessen. Sie war eine sehr gute Schneiderin, sie hat gut verdient und gut gelebt, die Salke. Sie hat einen bestimmten Betrag bekommen, und wenn ich ihr geholfen habe, hat sie kürzer gebraucht. Statt vier Wochen hat sie vielleicht drei Wochen gebraucht. Von wo hab ich meine ganze Education gehabt? Von der Salke. Dort hab ich gelernt, wie man mit Gabel und Messer ißt und wie sich die Leute benehmen. Ich hab ja nichts gewußt, hab keine Education gehabt. Ich hab nicht einmal gewußt, wie man mit Gabel und Messer ißt! Ich kann mich nicht erinnern, wie man zu Hause gegessen hat, wahrscheinlich mit die Händ, oder mit einem Löffel, ich kann mich nicht erinnern. Nur vom Zuschauen, vom Sehen, wie andere Leute sich behaven, wie sie das machen. Das waren schon reichere Leute, Geschäftsleute mit Wohnung, die haben sich können leisten eine Schneiderin, die waren schon besser situiert, schon so Mittelstand.

Die besseren Juden haben schon Polnisch können, die sind alle schon in die Schule gegangen. Dort hab ich überall Polnisch gesprochen. Ich hab a bißl Polnisch können von der Schule her, aber Polnisch gesprochen hab ich erst später, wie ich schon nähen gegangen bin. Zu Hause haben wir nur Jiddisch gesprochen: Die Mama hat nur Jiddisch gesprochen, lesen hat sie überhaupt nicht können. Mein Vater hat nicht können was anderes, er hat sich nur unterschreiben können. Aber dort hat man Polnisch gesprochen.

Jedenfalls war das eine neue Welt für mich, wie ich mit der Salke war, weil das waren alles reiche Juden, bei denen wir genäht haben. Sonst hätte man sich nicht leisten können, zwei Leute hereinzunehmen für einige Wochen. Ich hab von den Menschen gelernt, wie man sich benimmt. Das war meine Education! Dort hab ich alles gesehen: Andere Menschen sind auch da, hab ich gesehen. Menschen, die leben. Die machen gute Sachen, und man gönnt sich gute Sachen. Aber man muß arbeiten und verdienen, damit man sich leisten kann. Das ist mein Prinzip geworden. Ich hab keine Universität gebraucht, ich hab das Leben gehabt, das Leben war meine Universität.»

Meine Großmutter hat Lodgers (Untermieter) gekannt, aber keine Education (Ausbildung) gehabt. Sie hat sich nicht behaven (benehmen) können, aber sie war ambitious (ehrgeizig). Immer wieder tauchen in der Sprache dieser neunzigjährigen vielgereisten Großmutter englische Sprachbrocken auf, die daran erinnern, in welcher Welt sie heute lebt und in welcher Welt für sie Untermieter und Gebildete beheimatet sind. Als es während unseres Gespräches an der Tür ihres Londoner Reihenhäuschens klingelt und die Nachbarin auf Besuch kommt, entschuldigt sie sich bei mir, weil sie nun Englisch sprechen muß, und übersetzt – eigentlich ohne Schwierigkeiten – ihre Überlegungen zu den Verantwortungen einer Frau und Mutter ins Englische: «A mother must give to her children, not take from them.» «A woman must earn her own money, not rely on her husband» usw. Die Nachbarin, eine Katholikin aus Irland, hört fasziniert der alten Frau zu, die da aus ihrem Leben die Bilanz zieht. Vieles ist Ausdruck einer fremden Kultur, wenn auch die Sprache, in der meine Großmutter mit ihr spricht, eine gemeinsame ist.

Ganz selten spricht sie auch noch Polnisch: «Da ist ein Mann nebenan, wenn der mich trifft, begrüßt er mich immer in Polnisch und ich red mit ihm ein paar Worte.» Aber polnische Wörter kommen in ihrer Sprache von heute praktisch nie vor. «Polnisch hab ich schon fast vergessen. Eine Sprache muß man üben, sonst vergißt man sie», erklärt sie mir und übersieht dabei, daß Polnisch für sie wohl immer eine Fremdsprache war, die sie in der Schule lernte und nur gebrauchte, wenn es von Vorteil war.

Oft schlägt sie aber in eine Sprache um, die sie mit niemandem mehr gemeinsam hat, die aber die Sprache ihrer Kindheit war. Männer gehen in die Schil (das Bethaus), um zu dawenen (zu beten), Frauen tragen einen Schejtl (eine Perücke), gehen in die Mikwe (ins Bad) und kochen in Teppelach (in Töpfen). Und wenn sie sich in ihre Erinnerung hineinlebt, sieht sie die Menschen vor sich, hört ihre Stimmen «Der hut n'cht gagesn.» (Er hat nichts gegessen.) Zu Hause in Tarnopol, mit den Eltern, mit der Schwester, mit der Salke und ihrer Familie wurde nur Jiddisch gesprochen. Ihr Verhältnis zum Jiddischen und zu den Erinnerungen an Tarnopol faßt sie in einem kurzen, prägnanten Satz zusammen: «Ich könnt noch heute, aber ich hab nicht mit wem.»

Der Jakob hat mir lange den Hof gemacht

«Ich hab die ganze Familie von der Salke sehr gut gekannt. Die haben im gleichen Viertel gewohnt. Die Mutter hat Feige geheißen, Feige Simme Rosenstrauch. Der Vater hat Haskel Adolf Gläsner geheißen. Der war nicht gesetzlich verheiratet, deswegen haben die Kinder Rosenstrauch geheißen, nach der Mutter. Was der Vater von der Salke gemacht hat, weiß ich nicht, ich kann mich nicht erinnern. Juden haben nichts gemacht. Er war auf jeden Fall auch fromm, er ist gesessen Schil und hat gelesen Tojre. Es is denen arm gegangen, weil alles, was er verdient hat, hat er versetzt oder verkauft und hat Lampen gekauft für die Synagoge und solche Sachen. Ich hab gehört, er hat einen Religionswahnsinn gehabt. Vielleicht war er auch ein Melamed. Ich hab ihn nur ein-, zweimal gesehen, so mit einem grauen Bart, ich hab ihn kaum gekannt. Ich weiß, daß er früh gestorben ist, ich war damals noch in Tarnopol. Wie der Vater gestorben ist, da hat meine Mutter seiner Mutter für meinen Vater sein Schtraml abgekauft.

Die waren drei Töchter und drei Söhne: Die Dobrosch war die älteste, die hat keine Kinder gehabt. Die zweite war die Salke, das war die Schneiderin, und dann war da noch die jüngste

Tochter, die Eidel. Der Mendel, der war ein Blecher. Der Selig, der hat gehabt ein Greißlergeschäft in der Lemberger Gasse, am andern Ende von wo wir gewohnt haben, schon im besseren Viertel. Der war schon wohlhabend. Der Jakob, den ich dann später geheiratet habe, hat studiert. Er war Buchhalter. Die waren alle keine Chassiden. Der Selig nicht, der Mendel nicht und der Jakob nicht. Alle haben zusammen gewohnt, nur die, die verheiratet waren, nicht. Alle haben der Mutter Geld gegeben, und sie hat gekocht, jedem im eigenen Topf. Die arme Mutter hat müssen kochen für jeden extra. Ich bin einmal hingekommen, da is so ein großer Herd gewesen, mit Kohlen geheizt, da hat sie lauter so Tepperln mit Suppe gehabt. Sie hat für jeden extra gekocht, und das hat mich gewundert. Hab ich gesagt: ‹Warum kocht Ihr soviel extra Teppelach, warum kocht Ihr nicht einen großen Top?› – ‹Nein, die Kinder haben gern jeder separat. Jeder gibt a Geld, und jeder will für sich gekocht haben.› Die haben nicht mehr Geld gehabt als meine Eltern. Es ist nur, daß die mehr Kinder gehabt haben, die gegeben haben. Der Selig hat gegeben, der Mendel, der Jakob.»

An dieser Stelle des Berichtes über die zukünftige oder, mit heutigen Augen gesehen, die frühere Schwiegerfamilie folgen eine Menge Details über interne Familienangelegenheiten. Wer wie geheißen und nach wem benannt war, wer wie überlebt hat und wer wie umgekommen ist, und – ebenso wichtig – wer die heute noch lebenden Nachfahren sind. Das klingt dann etwa so: «Alle meine Kinder sind nach denen benannt. Die Franzi heißt nach der Mutter, der Oskar heißt nach dem Vater, und die Edith heißt nach der Eidel. Die Eidel ist früh gestorben, das war während des Krieges. Ihr Mann war in der Armee – Weihmann hat er geheißen. Die haben drei Mädels gehabt und zwei Söhne. Die jüngste Tochter war die Jenny, die ist nach dem Krieg in eine Anstalt gekommen in Italien. Man weiß nicht einmal, ob sie noch am Leben ist. Dann war die Ruza, die ist nach Amerika ausgewandert und hat eine Tochter dort, die auch Edith heißt nach der Eidel. Die Regine ist auch eine Tochter von der Eidel und vom Weihmann, und die Sonja ist die Tochter von der Regine.» Ja, und damit ist der Kreis geschlossen, denn Sonja kennt jeder in der Familie. Oder so: «Die Salke hat den Meschillem Lewinter geheiratet. Die Salka und der Meschillem haben einen Sohn gehabt, den Adolf, und eine Tochter, die hat Feige geheißen nach der Großmutter. Die andere Tochter heißt, glaub ich, auch Eidel. Der Adolf ist der Cousin in Israel mit den zwei Söhnen, wo da die Hochzeit war» usw. usw. Immer wieder gibt es diese Bezüge zur Gegenwart, die den Zweck haben, mir, der unwissenden Fragerin, unverständliche Zusammenhänge in der Welt von gestern zu erklären. Immer wieder findet sie aber den Faden zurück in ihre Jugend:

«Die Familie vom Meschillem hab ich auch sehr gut gekannt. Der Vater hat Krämer geheißen, die Mutter war eine Lewinter. Die waren fromm. Das waren alles Leute, die konnten nicht lesen und schreiben, das sind alles sehr primitive Menschen gewesen. Sie haben nichts anderes gekannt. Was man ihnen in der Synagoge gesagt hat, das haben sie gemacht. Der Meschillem hat zwei Schwestern gehabt, die Berta, die Salka und einen Bruder, der war dann in Amerika. Er ist dann gefahren nach Israel, und am Weg ist er gestorben. Der Cousin in Israel wollte ihn abholen, da hat man ihm gesagt, er war tot.

Meschillems Schwester hat gebaut ein neues Haus, und in dem Haus haben wir eine Wohnung gekriegt. Da sind wir von der Lemberger Gasse ausgezogen und in der Barona Hirscha eingezogen. Wir haben gewohnt auf Nummer 28. Es waren vier Wohnungen, vier Familien haben da gewohnt. Jeder hat ein Zimmer gehabt und eine Küche. In dem Haus war kein Stock, sondern ein Gang. Da war rechts eine Wohnung, links eine Wohnung, rechts eine Wohnung, links eine Wohnung. Zwei Wohnungen waren zur Straße hinaus, zwei zum Hof hinaus. Unsere Wohnung war zum Hof hinaus, die Wohnung von der Schwester vom Meschillem war auch zum Hof hinaus. Im Hof hat sie gehalten zwei Kühe, da hat man die Milch kaufen können. Und ein Brunnen war im Hof, und das Klo war auch dort, so mit zwei Löchern; und ein kleiner Garten, wo sie noch etwas angebaut hat. Die Baron-Hirsch-Gasse war vom Ring herunter so eine Gasse. Ich könnte heute noch blind hinfinden, aber ich hab gehört, das ist alles ganz anders jetzt.

Wo wir gewohnt haben, das war schon draußen auf dem Weg aufs Land. Da sind die Bäuerinnen immer gekommen, die ruthenischen, und haben Eier gebracht, Hühner und Gänse, da hat man dann nicht zum Markt gehen müssen. Da war so ein Vorhof bei unserem Haus, und wenn die Bäuerinnen sind hereingekommen vom Land, sind sie gestanden draußen mit den Sachen, was sie gebracht haben: Hühner, Eier, Gemüse, Kraut. Die Mutter hat sie reingenommen in die Küche, hat ihnen gegeben was zum Essen und hat bei denen gekauft billig die Hühner und das Gemüse. Die waren froh, dann mußten sie nicht so weit gehen bis zum Markt. Die Bäuerinnen haben gesprochen Ruthenisch. Es war in Polen, aber dort, wo wir gewohnt haben, haben sie Ruthenisch gesprochen. Ruthenisch ist so wie Russisch, nur anders, ohne Akzent. Die Mutter hat gesprochen Ruthenisch, noch von Rußland, sie hat mit denen sprechen können.

Ich war jung damals. Am Samstag nachmittag hab ich mich mit Freundinnen auf der Panska Ulica getroffen, da ist man am Nachmittag und am Abend spazierengegangen. Mädels zusammen, Burschen zusammen. Das war eine Straße, wo alle die Leute in Tarnopol, junge und alte, Freitag abend und Samstag spazierengegangen sind. Juden und Nicht-Juden, man hat keinen Unterschied gesehen. Alle waren gleich angezogen. Natürlich, die Orthodoxen waren anders angezogen, aber die sind nicht in die Panska Ulica spazierengegangen! Man is hinuntergegangen, hat umgedreht und is wieder zurückgegangen. Die Straße war sehr lang, es waren viele Geschäfte dort. Da war ein Kino, da waren Kaffeehäuser, alles war dort. Wie wir Kinder waren, sind wir auf der Panska Ulica gegangen in die Kaffeehäuser, da hat man gebrochene Keks verkauft, a Sack für a Groschen. Die waren zerbrochen, da konnte man sie nicht verkaufen, hat man sie den Kindern gegeben.

Man ist auf der Panska spazierengegangen, und dann ist man tanzen gegangen. Der Jakob ist mir nachgelaufen einige Zeit. Einmal hat er mich angesprochen auf der Panska Ulica – Herrengasse heißt das. Er wollte gehen mit mir. Ich wollte nicht, ich weiß nicht warum, er war mir nicht sympathisch. Er hat mir lange den Hof gemacht. Wir waren dann spazieren, und ich bin mit ihm gegangen. Ich hab ihn gut gekannt in Tarnopol. Dann sind wir manchmal tanzen gegangen. Es war bei Tag eine Schule, und am Abend hat Musik gespielt. Das war ein großes Gebäude, beim Ringplatz, ein großer Hof mit vielen Eingängen. Da war eine Schule drinnen und a Tanzsaal, und dort waren auch Wohnungen. Die Salka hat in diesem Haus eine Wohnung gehabt. Sie hat ja verdient. Dort war, wo wir tanzen gegangen sind.

Weißt du, mit wem ich getanzt habe? Mit dem Meschillem, den die Salke geheiratet hat. Er war viel älter als ich, die Salka war auch viel älter, er war schon verlobt mit der Salka, aber das hat keine Rolle gespielt. Ich war ganz jung, und er hat sehr gut getanzt. Mit dem Jakob hab ich nicht getanzt. Ich hab ihn nie leiden können, ich habe immer gehofft, es wird vorbei sein. Er ist mir nachgelaufen, hat nur wollen mit mir gehen. Einige Monate bin ich mit ihm gegangen. Meine Eltern haben das gewußt. Sie haben nichts dagegen gehabt, er war aus einer frommen Familie. Er hat meiner Mutter Gedichte geschickt. Er hat dann meiner Mutter Briefe geschrieben, daß er mich heiraten will.

Der Jakob ist dann nach Deutschland gefahren in eine bekannte Stadt, um sein Studium fortzusetzen. Ich weiß nicht welche, aber das war nicht so weit von der Grenze. Dort hat er monatelang studiert, hat Prüfungen gemacht. Er war intelligent. Er war sehr begabt. Er hat eine wunderbare Schrift gehabt, er hat gut Deutsch gesprochen, viele Bücher gelesen. Er hat auch schon gut Polnisch gesprochen. Er war ein richtiger Tarnopoler. Du wirst lachen, wie er nach Deutschland gefahren ist, hat meine Mutter ihm mitgegeben eine Flasche Wischniak, Kirschensaft, den man zum Tee getrunken hat in Polen. Wie er hingekommen ist, war die Flasche zerbrochen und hat ihm alle seine Kleider kaputtgemacht. Er is zurückgekommen und hat einen guten Posten gehabt als Buchhalter.

Er ist dann weggefahren von Tarnopol, eine Woche oder ein paar Wochen vor mir. Das hat sich alles so schnell abgespielt. Warum ich nicht mit ihm gefahren bin? Aber ich wäre damals doch auf keinen Fall mit ihm gefahren!»

Von Tarnopol nach Wien

Die Russen kommen!

Ja, das hat sich alles so schnell abgespielt! Der Erste Weltkrieg beginnt im äußersten Winkel der österreichisch-ungarischen Monarchie. Die Front bewegt sich nach Tarnopol, wieder weg von dieser Stadt – und immer wieder zurück. Siebenmal wechseln die Herren von Tarnopol während dieses einen Krieges. Und vom ersten Tag an wird die Familie meiner Großmutter in die Kriegswirren hineingezogen. So wie die Monarchie zerfällt, zerfallen auch die Familien. Es beginnt an einem Donnerstag mit dem Ruf «Die Russen kommen!» Was dann passiert, gehört zu den Höhepunkten dieser Lebensgeschichte. Ich konnte nicht genug davon bekommen, war einfach erschüttert davon, wie ganz gewöhnliche, arme Leute in einer solchen Krisensituation ihre Probleme lösten.

Hier kam meinem Verständnis zugute, daß sich meine Großmutter auch nach diesen vielen Jahrzehnten ihre klare Urteilskraft bewahrt hat, daß sie ein überraschend gutes Gefühl für Zeitabläufe und galizische Geographie hat. Immer wieder zeigten sich die Vorteile des Dabeigewesenseins. Für sie sind die Grenzen von damals die realen Grenzen und die Abfolge der Geschehnisse die wirkliche Welt. Für mich, die Nachgeborene, sind diese Grenzen und diese Zeiten fremd und verwirrend. Sie sprach davon, daß die Russen kamen und daß die Deutschen kamen, und es dauerte lange, bevor ich verstand, wann sie vom Ersten Weltkrieg sprach und wann vom Zweiten. Sie sprach von einem Ort an der Grenze, den ich auf keiner Karte finden konnte, weil die Grenze dort nur kurze Zeit verlaufen war. Zu einem bestimmten Zeitpunkt war ich dabei, alles aufzugeben, es war mir unmöglich, das Knäuel der Ereignisse zu entwirren. Wenn das heute nicht mehr so scheint, ist das wohl ein Zeichen dafür, daß es mir doch noch geglückt ist. Ich ließ nicht locker, bis ich alles zu verstehen meinte, bis die Abläufe «Sinn» bekamen. Aber bei den ersten Gesprächen über das, was nun geschah, glaubte ich nicht daran.

Ich muß gestehen, daß ich vorübergehend sogar meine arme Großmutter der Senilität verdächtigte. Ich wollte ihre Zuverlässigkeit und ihr Erinnerungsvermögen prüfen. Der Donnerstag, an dem die

Russen gekommen sein sollen, schien mir geeignet dafür. Ich wollte sie eines Fehlers überführen. Ich stöberte in Büchern über den Ersten Weltkrieg, bis ich fand, was ich suchte: «Am 20. August 1914 passierte die Achte russische Armee unter General Brussilow die galizische Grenze bei Woloczysk, wobei es sogleich zu heftigen Zusammenstößen kam.» Ein Blick auf den Ewigkeitskalender überzeugte mich, daß meine Großmutter recht hatte: Es war ein Donnerstag. «Es gab schöne Erfolge unserer schneidigen Kavallerie», steht da zuversichtlich in meiner Quelle, was aber nicht verhindern konnte, daß die Russen am 23. August Tarnopol besetzten.

«Bei uns in der Barona Hirscha, im selben Haus wie meine Eltern, haben Leute eine Wohnung gehabt nach vorne zur Straße. Es war eine Mutter mit drei Töchtern. Zwei waren Lehrerinnen und eine war Apothekerin. Sie haben auch einen Bruder gehabt, der war in der Armee. Der Bruder ist an einem Donnerstag nach Hause gelaufen und hat gesagt: ‹Die Russen kommen!›

Am nächsten Tag hat er gebracht einen Wagen mit Pferden. Ich weiß nicht, vielleicht hat er ihn aus der Kaserne genommen. Plötzlich waren da überall Wagen. Er hat uns alle genommen, das heißt, selbst ist er nicht mitgekommen, er hat ja kämpfen müssen. Die waren schon gepackt und alles, da hat die Mutter gesagt: ‹Kennt ihr n'cht mein Elkerl mitnehmen?› Hat sie gesagt: ‹Ja, ich n'ms mit.› Sagt sie, sie hat vier Töchter, wird sie noch eine haben. Vier? Wart einmal! Drei Töchter waren da, aber es war ja noch jemand mit? Vom Sohn die Frau war auch mit! Er war im Krieg, aber seine Frau war mit uns. Meine Mutter hat sich Sorgen gemacht, weil sie hat Angst gehabt – ich bin a junges Mädel – daß mir was passiert, wenn die Russen hereinkommen, und deswegen hat sie der Frau zugeredet.

Es war Freitag, und Freitag abend wollte mein Vater nicht fahren, es war ja Schabbes. Die Mutter hat gerade gekocht Hendlsuppe für den Schabbes. Da hat sie herausgenommen a Hendlbügerl aus der Suppe, hat es mir eingepackt in a Papier a altes, hat es rausgeschleppt, und das war's. Und dann war ich weg. ‹Sonntag›, hat meine Mutter gesagt, ‹werden wir sich aufsetzen und dir nachfahren.› Wir haben in Ostgalizien gewohnt, gleich bei der russischen Grenze, bei Podwoloczyska. Ich erinnere mich an Podwoloczyska, das war eine schöne Stadt, schon an der russischen Grenze. Zu Fuß is man hinübergegangen nach Rußland. Ich bin nicht gegangen, aber man hat's mir gezeigt. Ich war mit der Mutter dort, wir sind damals mit dem Zug hingefahren. Dort haben wir gehabt Verwandte, die haben wir besucht. Da war jedenfalls eine Cousine, von wem, weiß ich nicht.

Es hat geheißen, wir werden fahren in diese Naphthastädte, wo Petroleumbrunnen sind, Westgalizien hat's geheißen. Dort werden wir bleiben und warten, bis meine Eltern kommen werden. Aber am Sonntag waren schon die Russen da. Der Pferdewagen, der vorgefahren ist, hat uns gebracht in irgendeine Stadt mit Erdöl, nach Drohobycz glaub ich, dort wo die Naphthaquellen waren – die Petroleumstädte waren in der Nähe von Stryj. Über ganz Polen sind wir gefahren, bis zur Grenze. Dort haben wir niemand gekannt. Es hat geheißen, wir werden dort auf meine Eltern warten. Aber inzwischen sind wir dort aufgeladen worden in Waggone und nach Ungarn gebracht worden.

Wie ich damals gesessen bin im Zug von Tarnopol nach Ungarn, hab ich die ganze Zeit gedacht: ‹Was immer wird aus mir werden, eins ist gut, ich bin den Jakob los!› Wir sind eingestiegen in die Viehwagen, und in der Bahn bin ich froh und glücklich gewesen, ich bin ihn losgeworden. In einem Zug, wo die Kühe fahren, einem Güterwagen, sind wir nach Ungarn nach Kisvárda gefahren. Sechzehn Tage ist man gefahren. Man is immer wieder stehengeblieben und ausgestiegen, hat was zu essen gekriegt und is weitergefahren. Dann sind wir nach Ungarn gekommen. Das war kein Flüchtlingslager, man hat uns gleich zur Verfügung gestellt a Wohnung. Die Wohnung hat uns die Gemeinde zur Verfügung gestellt. Wahrscheinlich die Kultusgemeinde. Wir waren ja vom Krieg davongelaufen. Ich und die Schwiegertochter haben gehabt einen Strohsack, die andern haben gehabt einen andern Strohsack. Die Schwiegertochter war eine starke Person, und mit der hab ich geschlafen auf dem Strohsack am Boden. Am nächsten Tag sind wir gegangen arbeiten. Die Mädels sind gegangen Weintrauben pflücken in die Felder, die Mutter hat gekocht, und ich bin gegangen nähen. Da haben wir was verdient. Es war ja Krieg, und wir waren Flüchtlinge. Da hat man geschaut, was man kriegt.»

Manche Erinnerungen lösen direkt kicherndes Vergnügen aus. So etwa die Geschichte ihrer ersten Begegnung mit einem Pfarrer, der für sie eine ganz neue Kultur und dazugehörige Moral repräsentierte. Ihre Freude spiegelt sich so sehr in lebhafter Gestik und Mimik wider, daß jede sprachliche Darstellung nur trocken wirken kann.

Bei solchen Anlässen wird ihre sonst meist relativ gepflegte hochdeutsche Sprache immer wieder von der Grammatik des Jiddischen gefärbt, ja sie erweckt direkt den Anschein, als hätte sie diese Geschichte in früheren Zeiten bereits in klangvollem Jiddisch wiedergegeben und sie in dieser Form im Gedächtnis behalten. Ich fühle mich jedenfalls verpflichtet, in meiner Wiedergabe ihrer Sprache so nah wie möglich an das Original heranzukommen. Das Lachen, die Handbewegungen, das Zusammentreffen der christlichen mit der jüdischen Welt sowie die Landschaft Nordostungarns muß sich aber jeder selbst dazudenken:

«Was wir gemacht haben? Ich hab genäht beim Galach. Weißt du, was a Galach is? Das is a Pfarrer. Wahrscheinlich war das a protestantischer Pfarrer, weil er hat gehabt a Frau und a Sohn. Die Frau vom Galach hat mich geholt, ich soll ihr a Kleid machen. Bin ich zu ihr nach Haus gegangen und hab dann bei ihr genäht und ihr a Kleid gemacht. Die Frau is nebbich gestanden und hat gekocht für mich. Sie hat gewußt, ich bin a Jidin, ich bin koscher. Sie hat nicht gewußt, was geben zu essen mir, is sie gestanden nebbich und hat sich bemüht, mir Eier und Milch zu geben, damit ich soll koscher essen und nicht trejfe. Das war eine spezielle Ehre für die, daß ich dort gegessen hab – ich wollte gar nicht essen. Die waren so aufmerksam. Am Abend zum Nachhausgehen – es war finster, und ich bin a junges Mädel gewesen – hat man mich nicht wollen allein gehen lassen. Hat sie gesagt, sie wird den Sohn mitschicken mit mir. Der Galach hat ihn nicht lassen, er hat Angst gehabt, die Leute werden reden. Hat er gesagt: ‹Nein es wird a schlechten Eindruck machen im Dorf dort.›

Bin ich gegangen, und der Galach allein is mir nachgegangen. Zehn Schritt hinter mir und hat aufgepaßt.

Diese Leute, mit denen ich geflüchtet bin nach Wien, die haben alle Polnisch gesprochen, mit denen hab ich die ganze Zeit Polnisch gesprochen. Ich hab a bißl Polnisch können, nicht gut, aber doch. Die Leute in Ungarn, die haben mit uns Deutsch gesprochen. In Ungarn waren wir vier oder fünf Wochen. Dann haben die Lehrerinnen erfahren, daß man ihnen in Wien die Pension zahlt, weil sie doch Staatsangestellte waren, Lehrerinnen. Die waren viel älter als ich, schon zwanzig, zweiundzwanzig Jahre alt, ich war ja nur siebzehn. Es ist verlautbart worden, in Wien ist eine Gesellschaft, die bezahlt den Lehrerinnen den Gehalt. Da waren sie interessiert zu fahren. Ich hab dort genäht, mir war nicht daran gelegen, nach Wien zu fahren, aber die haben auf mich aufgepaßt, die hätten mich nicht zurückgelassen. Da haben wir uns zusammengepackt und sind alle mit der Bahn nach Wien gefahren.

Und sechs Wochen, nachdem wir Tarnopol verlassen haben, sind wir nach Wien gekommen.»

In Wien hat man uns einquartiert

«Wie wir nach Wien gekommen sind, haben wir auch eine Wohnung gekriegt. Man hat uns zugeteilt a Wohnung für Flüchtlinge und uns einquartiert in der Hellwagstraße in Zwischenbrücken. Die Gesellschaft hat den Lehrerinnen eine Wohnung angewiesen, das heißt ein Zimmer mit zwei Strohsäcken. Da haben wir alle zusammen gewohnt, die Mutter, die drei Töchter, die Schwiegertochter und ich. Wir haben am Boden auf Matratzen geschlafen. Die alte Mutter hat gekocht und hat uns alle verpflegt, und wir sind arbeiten gegangen. Die Mädels haben wahrscheinlich einen Job gekriegt in einer Schule, aber ich weiß nicht. Ich hab einen Job gekriegt am Franz-Josefs-Kai.

Ich kann mich erinnern, wir sind aufgestanden um sechs Uhr früh. Ich bin gegangen als erste und hab mich angestellt um Brot

– um Brot und Milch hat man sich anstellen müssen. Ich hab mich angestellt, dann is die alte Mutter gekommen und hat mich abgelöst. Unten is sie gestanden und hat gewartet, bis es Brot gibt, und ich bin gegangen arbeiten. Zu Fuß bin ich gegangen von Zwischenbrücken bis zum Kai. Was ich verdient hab, hab ich der alten Frau gegeben.

Ich hab gearbeitet am Kai bei einem Mann, der Militäranzüge gemacht hat, Militärhandschuhe. Der Mann hat geheißen Fradics, er war auch a Jud. Ich kann mich noch erinnern, wie er ausgeschaut hat. Er hat Uniformen und Handschuhe gemacht für die Soldaten – jeder hat für die Armee gearbeitet. Es hat dort eine Bekannte gearbeitet, Malke hat sie geheißen. Die hab ich irgendwo getroffen. Da hat sie mir gesagt, ich soll hingehen, vielleicht wird man mich aufnehmen. Da bin ich hingegangen am Kai. Das war fast a Fabrik, viele haben dort gearbeitet. Meist waren das Mädels und Frauen, die Burschen waren ja alle in der Armee. Hat er gesagt, er braucht niemanden. War ich so entsetzt, daß ich zu weinen angefangen hab. Mir soll das passieren? Mir soll man so was sagen? Ich konnte das nicht verstehen! Ich hab so viel können, und da soll ich nicht unterkommen? Ich war ja damals schon eine gelernte Schneiderin! Hat er so Mitleid mit mir gehabt, daß er mich hereingenommen hat in die Küche, er hat nämlich dort gewohnt. Er hat der Frau gesagt: ‹Gib ihr was zu essen und gib ihr a Tee.› Und dann ist er hereingekommen und hat gesagt: ‹Ja, kannst kommen arbeiten bei mir.› Aus Mitleid hat er das gesagt. Er hat gesehen, wie ernst ich das genommen hab. Für mich war das die größte Beleidigung, daß ich den Job nicht bekommen hab.

Wie ich verdient hab, dann war ich schon all right. Und was hat ihm das für eine Rolle gespielt? Er hat so viele Angestellte gehabt. Bei dem Mann am Kai hab ich mit der Hand Fellhandschuhe genäht für die Soldaten. Am Franz-Josefs-Kai hab ich schon Deutsch müssen sprechen. Da waren schon Mädels, die Wienerinnen waren. Ich hab nicht gut gesprochen, wahrscheinlich hab ich gesprochen halb so und halb so. Sie haben mich müssen verstehen. Weil das Jüdische doch so ähnlich ist zum Deutschen, da hat man sich durchgewurschtelt. Man hat nicht diskutiert, ob man so spricht oder so, man hat gesprochen, was man hat können. In Wien war das eine Selbstverständlichkeit, daß man Deutsch gesprochen hat. Wie lange ich dort gearbeitet hab beim Fradics am Kai, weiß ich nicht. Das ist schon so ein Mischmasch.»

Auch das war wieder ein Thema, das mich besonders interessierte. Wie spielt sich das eigentlich in der Praxis ab, wenn Flüchtlinge und Immigranten in ein neues Land kommen, wo sie niemanden kennen, die Sprache nicht sprechen und keine natürliche soziale Basis vorfinden? Immerhin hatten viele Juden vor den russischen Armeen Reißaus genommen. Viele angesehene chassidische Rabbiner flüchteten mit ihrem Hof nach Wien, so auch der Chuschtschatener. Weniger wohlhabende Juden wurden vorerst evakuiert, aber manchen gelang es, sich nach Wien durchzuschlagen. 137000 Kriegsflüchtlinge gab es 1915 in Wien, schreibt ein Historiker, davon waren 77000 unbemittelte Juden! «Es gibt kein schwereres Los als das eines Ostjuden in Wien», vermutet Joseph Roth und deutet damit das Elend an, das die Flüchtlinge in Wien erwartete, deren weiteres Schicksal von unzureichenden Unterstützungen und von zufälligen Begegnungen entscheidend beeinflußt werden konnte. Lebensmittelrationierung, Wohnungsnot, der Mangel an Arbeitsplätzen und die Feindseligkeit der Wiener Bevölkerung veranlaßten die Neuankömmlinge, ungewohnte Wege zu gehen oder unerwartete Begegnungen zu nutzen, an die man «zu Hause» nicht einmal gedacht hätte. Es dauerte lange, bis sich meine Großmutter erinnerte, wer ihr an welchem Ort geholfen hat oder daß ihr tatsächlich jemand geholfen hat. Viele Gespräche waren notwendig, bevor sie zugab, daß die Reihenfolge ihrer Arbeitsplätze und die Verbindungen, die die Arbeitsplätze erst möglich machten, für sie tatsächlich ein Mischmasch waren und daß sie sich nicht mehr so genau erinnert. Als sich dann schließlich herauskristallisierte, daß sie schon zu einem frühen Zeitpunkt ihres Flüchtlingsdaseins in Wien die Verbindung zu Tarnopolern herstellen konnte, war ich beruhigt. Der Gedanke an das elternlose, 17jährige Mädchen aus der galizischen Provinz, das alle Barrieren allein zu überwinden hatte, war fast unerträglich. Aus anderen Flüchtlingssituationen der Geschichte ist bekannt, wie wichtig eigene Infrastruktur und gegenseitige Hilfe für Immigranten sind. Es lag mir daher daran, ein lückenloses Bild von diesen Querverbindungen zu bekommen. Anfangs wußte ich nicht, daß meine Großmutter Hilfe hatte, heute weiß ich, daß da Verwandte, Bekannte und Freunde waren, und das macht alles ein bißchen leichter verständlich. Einfach war es aber deshalb noch nicht.

«Wer das war, der mich rekommandiert hat? Wart einmal. Sie hat Malke geheißen. Das war vom Meschillem eine Verwandte, die dort am Kai gearbeitet hat. Ich hab gewußt, die Salke ist in Wien mit dem Meschillem. Die Schwester vom Meschillem, die Berta, war auch da. Sie war eine ekelhafte Person. Sie hat gesagt: ‹Ich hab alles, und alle andern gehen mich nichts an!› Ihren Mann, den Schmarack, hab ich noch in Tarnopol gekannt, er war ja der Schwager von der Salka. Er war sehr nett. Die Malke, die dort am Kai gearbeitet hat, war vom Schmarack eine Schwester. Der Schmarack hat in Tarnopol ein Geschäft gehabt, in Wien hat er eine Wohnung gehabt. In Wien hat man eine Wohnung haben können, wenn man Geld gehabt hat. Der Schmarack war ein Kaufmann, er war ziemlich gut situiert. Das war der Unterschied: Ich bin gekommen, hat er schon eine Wohnung gehabt, weil er ist gekommen mit Geld und ich bin gekommen ohne!

Der Schmarack hat dann später auch noch die fünf Kinder von der Eidel aufgenommen. Ich hab ja erzählt, die Eidel war die jüngste Schwester vom Jakob. Sie ist gestorben, und der Vater von den Kindern war in der Armee, da hat der Schmarack die Kinder zu sich genommen. Die Regine war die älteste, die war nur drei Jahre jünger wie ich, die hat dann später bei mir gearbeitet. Die Wohnung war in der Karl-Meißl-Straße 9, im zwanzigsten Bezirk. Dort haben alle gewohnt, die Salke, der Meschillem, die Berta. Wer gehabt hat eine Wohnung, hat genommen die Leute. Je nachdem, wieviel Zimmer man gehabt hat, hat man untergebracht.

Die Malke hat auch beim Schmarack gewohnt, sie hat mich dorthin mitgenommen. Und beim ersten Besuch, den ich gemacht hab bei der Salka, war schon dort der Jakob, der hat auch dort gewohnt. Er ist inzwischen mit der Salka nach Wien geflüchtet, und wie ich nach Wien gekommen bin, war er schon da, und ich hab ihn gleich getroffen. Ich hab das nicht gewußt. Ich hab geglaubt, ich bin ihn losgewesen, den Jakob. Ich war dann froh – weil er hat mir sehr geholfen –, daß ich a bißl Bekannte gehabt hab, ich hab doch sonst niemanden gekannt.»

In Wien

Da war's aus mit der Frömmigkeit

«Ich hab lange gearbeitet am Kai. Jeden Tag bin ich zu Fuß gegangen; es war ganz schön weit. Dann hab ich herumgefragt wegen Arbeit. Das war nicht, weil ich mit der Fabrik unzufrieden war, aber das war keine Position. Das war ja nur vorübergehend, so Handschuhe zu machen. Man hat mir erzählt, daß eine Cousine von mir bei dem Chuschtschatener Rebbn angestellt ist. Das waren Verwandte, die haben in einem Dorf in der Nähe von Tarnopol gewohnt. Die Cousine war die Tochter von denen. Sie war schon eine Schneiderin bei dem Rabbiner in Chuschtschaten. Der ist dann ausgewandert und war in Wien, wie der Weltkrieg gekommen ist. Wir waren einmal in Chuschtschaten die Schwester besuchen, aber die Cousine, die ich in Wien getroffen habe, von der habe ich erst erfahren, wie ich nach Wien gekommen bin. Ich hab sie nicht gekannt. Ich weiß nicht, wie ich drauf gekommen bin. Vielleicht hab ich nach Tarnopol geschrieben, aber wie ich nach Wien gekommen bin, hab ich sie besucht, und da hat sich die Verwandtschaft herausgestellt. Wie der Rabbiner geflüchtet ist, ist sie mitgefahren. Die Cousine war schon länger in Wien. Sie war Schneiderin bei der Rebbezen, bei der Frau vom Chuschtschatener Rebbn. Durch die Cousine bin ich hereingekommen dort, sie hat mir den Posten verschafft. Ich hab sie besucht und hab gesagt, wer ich bin. Und sie hat sich gleich meiner angenommen. Sie ist hingegangen zur Rebbezen und hat sie gefrag, und die hat gesagt: ‹Ja, du kannst Kleider machen bei mir.› Die Rebbezen war eine hochelegante Frau. Man hat sie fast nie gesehen. Nur die Töchter hat man gesehen. Ich hab für die Tochter gearbeitet. Die haben gewohnt sehr elegant. Zuerst haben sie gewohnt im dritten Bezirk in einer herrlichen Wohnung, da haben sie einen ganzen Stock bewohnt. Dann waren sie in einer eleganten Wohnung in der Alserbachstraße. Die Übersiedlung hab ich auch mitgemacht.

Ich hab dort lange gewohnt. Ich war nur bedacht, Geld zu verdienen, damit ich den Eltern was schicken kann. Ich hab dort gegessen und dort geschlafen, dort hab ich gehabt ein Bett ein ordentliches, wo zu wohnen. Mit der Cousine hab ich ein Zimmer geteilt. Die Cousine war älter als ich, die hat auf mich aufgepaßt. Sie war sehr nett zu mir. Ich war ja ein junges Kind, und jeder hat Mitleid mit mir gehabt, weil ich allein war. Ich war ja ohne Eltern, ohne allen. Zum Anziehen hab ich immer was gehabt: Ich hab mir umgenäht, gerichtet; das war nicht wichtig. Man hat nicht viel auf Kleider geschaut damals, das war im Krieg. Wie ich beim Rabbiner war, bin ich auch mit der Cousine in die Oper gegangen. Wir haben doch am Abend freie Zeit gehabt, da haben wir gesprochen. Man hat sich angestellt und ist gegangen auf Stehplatz in die Oper. Einmal hab ich mir von der Tochter vom Rabbiner Vergrößerungsgläser ausgeborgt und mitgenommen in die Oper. Ich hab sie in der Oper vergessen. Na, das war was!

Das waren sehr reiche Leute. Denen hat nichts gefehlt. Sie haben das Haus voller Menschen gehabt, viel Personal: die Rebbezen, ihre Töchter, jede hat eine Köchin gehabt, jede eine Schneiderin. Die frommen Juden sind gekommen von Ungarn und haben geschmuggelt Mehl in den Stiefeln für den Rebbn – man hat nicht dürfen hereinführen. Von überall sind sie gekommen, die Juden, von der Tschechoslowakei, von Ungarn, und haben Geld gebracht und Lebensmittel. Den Rebbn selber hat man nie gesehen, das war ein heiliger Mann. Nur den Gabbn hat man gesehen. Die Leute sind gekommen, sind im Vorzimmer gesessen und haben gewartet. Auf einen Zettel haben sie draufgeschrieben, was sie wollen und was ihnen fehlt und was der Rebbn soll ihnen wünschen. Dann haben sie ein Kuvert genommen und Geld hineingelegt. Ich weiß nicht, was für ein Geld das damals war oder wieviel. Mit dem Geld ist der Gabbn hereingegangen zum Rebbn. Der Gabbn hat wahrscheinlich unterwegs was herausgenommen. Der Gabbn hat es hereingetragen zum Rebbn, ist zurückgekommen und hat den Leuten einen Zettel ausgestellt. Da war ihnen schon geholfen! So blöd! Und so hat man Geld gemacht bei denen.

Er war überhaupt ein schlechter Kerl, der Gabbn. Stell dir vor, die Cousine hat dort viele Jahre gearbeitet, sie hat ja schon in

Husiatyn bei denen gearbeitet. Die haben ihr nie gezahlt. Sie haben die ganze Zeit gesagt, sie heben ihr das Geld auf, und wenn sie heiraten wird, wird man ihr das Geld geben. Dann hat sie gehabt eine Blinddarmoperation und ist gestorben. Sie hat gehabt einen Bruder in der Armee, es war ja Krieg. Man hat ihm den Fuß abgeschossen, und er ist zurückgekommen als Invalide. Wie der Bruder gekommen ist, nachdem sie tot war, und hat verlangt das Geld, das man ihr zugesagt hat, hat man's ihm nicht gegeben. So war das Modell dort beim Rebbn. Du hast gearbeitet und hast nie gekriegt Geld. Hast gekriegt Essen, Schlafen, alles, nur kein Geld. Ich bin enttäuscht gewesen von diesen Leuten, weil ich solche Sachen gesehen habe. Das hat mich sehr hergenommen, daß man der Cousine nicht das Geld hat geben wollen, wie sie gestorben ist. Er wollte es mit mir machen wie mit der Cousine. Die wollten mir auch nur zahlen einmal im Jahr oder überhaupt nicht, bis ich verheiratet bin. Ich hab gesagt: ‹Das kann ich nicht machen, ich muß meine Eltern aushalten, und ich hab Verwandte, ich muß jeden Monat Geld haben.› Sie haben geglaubt, ich bin nur ein kleines Mädel, ich brauch kein Geld, mit mir können sie machen, was sie wollen. Aber mit mir konnten sie sowas nicht machen!

Das waren so schlechte Menschen. Auch den Juden, die gebettelt haben nur um ein Stück Brot, um eine Suppe, denen haben sie nichts geben wollen. Stell dir vor, man hat den Juden nichts zu essen geben wollen! Die haben die Töpfe voller Suppe gehabt! Einmal ist ein Jude gekommen, ein Schnorrer, der hat gebettelt um eine Suppe. Der Gabbn hat ihn weggeschickt von der Tür. Ich bin in der Küche gesessen und bin aufgestanden und hab gesagt zu dem Mann: ‹Kim si.› – ‹Kommen Sie, nehmen Sie meine Suppe.› Da hat der Gabbn gesagt: ‹Du wirst nicht kriegen kein anderes Essen.› Da hab ich gesagt: ‹Macht nichts, nimm das Essen.› Auf Jiddisch hat er das gesagt, das ist so ähnlich wie Deutsch. Die Köchin hat mir dann was gegeben, wie der Gabbn weg war.

Freitag bin ich immer gefahren in die Karl-Meißl-Straße zum Schmarack, dort war der Jakob und alle, und denen habe ich gebracht zum Essen. Die Köchin hat mir gegeben Essen, und ich hab's getragen zum Jakob und zu seiner Schwester Salke. Wenn ich hingegangen bin, sie besuchen, hat die Köchin mir eingepackt Fisch und Fleisch und hat mir gegeben Brot, weil es war nichts zu essen im Krieg. Nicht nur, daß ich gegessen hab dort, ich hab denen auch noch mitgebracht. Da hab ich den Leuten geholfen. Das war für mich wichtiger als alles andere. Die Köchin war sehr nett zu mir, aber der Gabbn war ein schlechter Mensch, davon war ich so enttäuscht.

In Tarnopol war noch alles sehr, sehr fromm, aber in Wien hab ich dann alles aufgegeben, weil ich so enttäuscht war von dem Rabbiner. Bis ich gekommen bin zu dem Rabbiner, hab ich noch an alles geglaubt. Dort hab ich dann aufgehört zu glauben. Seit damals hab ich gesagt, ich glaub an gar nichts mehr. Ich hab nur geglaubt an gute Menschen: Meine Schwester war ein guter Mensch, mein Vater war ein guter Mensch, und meine Mutter war ein guter Mensch. Was man gehabt hat, hat man geteilt. Wenn einer nicht gehabt hat, hat man geholfen. Aber dadurch, daß ich dort so viele schlechte Leute gesehen hab, soviel schlechte Taten, bin ich ungläubig geworden. Ich hab gesehen, daß es dort schrecklich zugegangen ist, da wollte ich nichts mehr wissen davon. Ich mach was Gutes für andere: Was ich fühl, is gut; nicht, was man mir sagt. Da war's aus mit der Frömmigkeit! Man muß nicht fromm sein, aber man braucht nicht schlecht sein! Dem Vater hab ich nichts davon erzählt. Ich hab's der Mutter erzählt, und sie hat mich's nicht dem Vater erzählen lassen, sie hat gesagt: ‹Der Vater glaubt an den Rabbiner, für ihn ist das ein Gott. Red nichts, laß ihn, er wird sich sonst nur ärgern.›»

Die Hochzeit war im Klucky-Tempel

«Ich war ganz schön lang beim Rebbn, ich hab keine anderen Aussichten gehabt. Dort hab ich gewohnt, bis ich mich verlobt hab.

Ich bin dann in die Karl-Meißl-Straße gezogen. Der Schmarack hat mir sehr zugeredet, ich soll den Jakob heiraten, er hat uns zusammengebracht. Der Jakob war Buchhalter und hat irgendwo einen Posten gehabt, ich weiß nicht mehr wo, aber gewohnt hat er beim Schmarack. Damals war das so. Auf Nummer zehn in der Karl-Meißl-Straße, vis-á-vis vom Schmarack, wo alle gewohnt haben, da hat gewohnt eine Frau mit einem Mann und zwei Söhnen, die hat geheißen Metzger, und die hat mir ein Kabinett vermietet, und dort bin ich hingezogen. Die Frau Metzger war auch Jüdin. Ich kann mich nicht erinnern, wo ich dann gearbeitet hab, ich weiß nur, daß ich dorthin gezogen bin, und von dort aus hab ich dann auch geheiratet.

Wie ich mich verlobt hab mit dem Jakob, hab ich meiner Mutter geschrieben, daß ich einen Geburtsschein brauche zum Heiraten. In Wien konnte man ohne Papiere nicht heiraten. Das war mitten im Krieg, Tarnopol war besetzt von den Russen. Da ist meine Mutter nach Ruschin gefahren zu ihren Eltern, um mir einen Geburtsschein zu holen. Früher, vor dem Krieg, konnte man ja nicht nach Rußland fahren von Galizien aus, aber im Krieg, wie Tarnopol besetzt war, waren da keine Grenzen, da konnte sie hinfahren. Ich glaub, das war das erste Mal, daß sie zu ihren Eltern gefahren ist. Der Vater, glaub ich, war schon tot, der alte Sobel, aber die Mutter hat noch gelebt. Aber meinen Geburtsschein konnte sie nicht kriegen, weil ich war gar nicht registriert, weil mein Vater damals doch ein Illegaler war. Da ist sie zu ihrer Schwester gegangen, zur Ruchel, die hat doch eine Tochter gehabt, die hat auch Elke geheißen, die war fast so alt wie ich, ein bisserl jünger, glaub ich. Von der hat sie sich den Geburtsschein ausgeborgt, in Rußland hat sie den Geburtsschein ja nicht gebraucht. In Wien hat man ihn gebraucht, und sie hat ihn mir dann geschickt. So hab ich heiraten können. Später hat sie mir dann einen polnischen Geburtsschein verschafft mit dem richtigen Namen, da ist gestanden, daß ich in Tarnopol geboren bin. Das hat man damals so gemacht. Wie das meiner Mutter geglückt ist, weiß ich nicht. Aber sie war eine sehr tüchtige Frau, was solche Sachen anbelangt.»

Mehrfach erwähnte meine Großmutter ihre falschen und gefälschten Papiere, die ihr in Krisensituationen gute Dienste leisteten. Der eine Geburtsschein, den sie sich – nach eigener Aussage – von der russischen Cousine ausgeborgt hatte, als sie nach Wien kam und Papiere brauchte, erleichterte ihr die Etablierung in Wien. Dieses Dokument ist vorhanden. Es ist eine während des Ersten Weltkriegs in der alten russischen Orthographie ausgeführte Abschrift aus dem Matrikelbuch für das Jahr 1898. Sie lautet auf den Namen Chinja-Elka, geboren zu Ruschin als Tochter des Pinchas Lejberov Reznik und der Ruchel. Der andere Geburtsschein ermöglichte meiner Großmutter zwei Jahrzehnte später die Ausreise aus Wien. Er ist eine Abschrift des Tarnopoler Matrikelbuches aus dem Jahre 1938, in der bestätigt wird, daß Ella Sobel, uneheliche Tochter der Chaje Sobel, im Jahre 1897 in Tarnopol geboren sei und daß sich der Vater Pinkas Wolfzahn gleichentags der Vaterschaft bekannt habe. Danach habe man geheiratet. Überraschend, nach jahrzehntelanger Ehe. Aber jüdische Ehen wurden oft nicht anerkannt; es kommt daher in jüdischen Familien – und in Großmutters Familie gar nicht selten – vor, daß die Kinder als unehelich galten und den Nachnamen der Mutter trugen. Beide Geburtsscheine hat die Mutter in politisch schwierigen Lagen für ihre Tochter «organisiert», ohne daß diese ahnt, wie das möglich war!

Ich mußte unweigerlich an die herrliche Schilderung denken, die Joseph Roth in den «Juden auf Wanderschaft» vom Dokumentenunfug der österreichischen Behörden im Umgang mit den Immigranten aus dem jüdischen Osten gab: «Dieser Mann wird Dokumente verlangen. Unwahrscheinliche Dokumente. Niemals verlangt man von christlichen Einwanderern derlei Dokumente. Außerdem sind christliche Dokumente in Ordnung. Alle Christen haben verständliche, europäische Namen. Juden haben unverständliche und jüdische... Man weiß niemals, wie sie heißen. Ihre Eltern sind nur vom Rabbiner getraut worden. Die Ehe hat keine gesetzliche Gültigkeit... Solche Namen bereiten der Polizei Schwierigkeiten. Die Polizei liebt keine Schwierigkeiten. Wären es nur die Namen. Aber auch die Geburtsdaten stimmen nicht. Gewöhnlich sind die Papiere verbrannt... Alle Papiere sind verloren. Die Staatsbürgerschaft ist nicht geklärt. Sie ist nach dem Krieg und der Ordnung von Versailles noch verwickelter

ВЫПИСЬ

изъ метрической книги о родившихся евреяхъ по м. Ружину Сквирскаго уѣзда

За 1898 годъ

№ метрической книги	Годъ мѣсяцъ и день рожденія	Имя, отчество, фамилія и званіе родителей	Кто родился
68	[illegible]	[illegible]	[illegible]

1917 года Мая 30. дня Что настоящая выпись изъ метрической книги выписана правильно, въ томъ Сквирская Городская Управа удостовѣряетъ

Членъ Управы

Секретарь

Сверялъ Столоначальникъ

Der geliehene russische Geburtsschein der Chinja-Elke, geb. 1898 als Tochter des Pinchas und der Ruchel.
(Abschrift aus dem Ruschiner Matrikelbuch 1917)

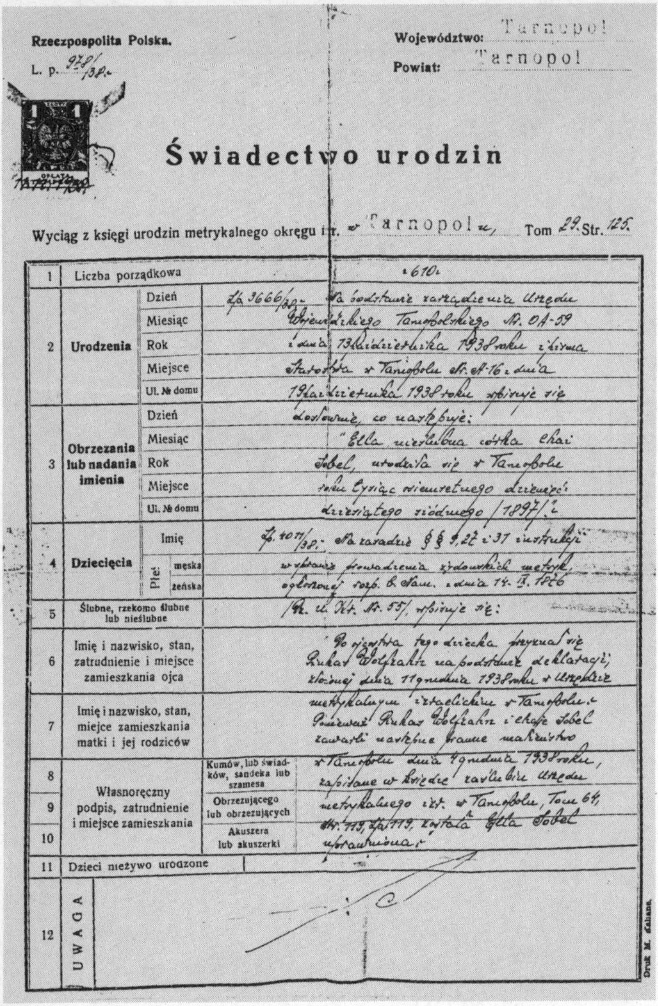

Rzeczpospolita Polska.

L. p. 9781/38.

Województwo: Tarnopol

Powiat: Tarnopol

OPŁATA

Świadectwo urodzin

Wyciąg z księgi urodzin metrykalnego okręgu izr. w Tarnopolu, Tom 29. Str. 125.

1	Liczba porządkowa		610.
2	Urodzenia	Dzień	Lp. 3666/38. Na podstawie zarządzenia Urzędu
		Miesiąc	Wojewódzkiego Tarnopolskiego Nr. OA-59
		Rok	z dnia 13 października 1938 roku z biura
		Miejsce	Starostwa w Tarnopolu Nr. A-16 z dnia
		Ul. № domu	19 października 1938 roku wpisuje się
3	Obrzezania lub nadania imienia	Dzień	dosłownie, co następuje:
		Miesiąc	"Ella nieślubna córka Chai
		Rok	Sobel, urodziła się w Tarnopolu
		Miejsce	roku tysiąc osiemsetnego dziewięć-
		Ul. № domu	dziesiątego siódmego /1897/."
4	Dziecięcia	Imię	Lp. 4077/38. Na zasadzie §§ 9, 27 i 37 instrukcji
		Płeć: męska	wykonawczej prowadzenia żydowskich metryk,
		Płeć: żeńska	ogłoszonej rozp. b. Nam. z dnia 14. IX. 1876
5	Ślubne, rzekomo ślubne lub nieślubne		/Dz. u. Kr. Nr. 55/, wpisuje się:
6	Imię i nazwisko, stan, zatrudnienie i miejsce zamieszkania ojca		"Po ojcostwo tego dziecka przyznał się Pinkas Wolfzahn na podstawie deklaracji, złożonej dnia 11 grudnia 1938 roku w Urzędzie
7	Imię i nazwisko, stan, miejce zamieszkania matki i jej rodziców		metrykalnym izraelickim w Tarnopolu." Ponieważ Pinkas Wolfzahn i Chaje Sobel zawarli następnie prawne małżeństwo
8	Własnoręczny podpis, zatrudnienie i miejsce zamieszkania	Kumów, lub świadków, sandeka lub szamesa	w Tarnopolu dnia 4 grudnia 1938 roku, zapisane w księdze zaślubin Urzędu
9		Obrzezującego lub obrzezujących	metrykalnego izr. w Tarnopolu, Tom 64,
10		Akuszera lub akuszerki	Nr. 113, Lp. 113, została Ella Sobel uprawniona."
11	Dzieci nieżywo urodzone		
12	UWAGA		

Der falsche polnische Geburtsschein der Ella Sobel, geb. 1897 als Tochter der Chaje und des Pinkas.
(Auszug aus dem Tarnopoler Matrikelbuch 1938)

geworden. Wie kam jener über die Grenze? Ohne Paß? Oder gar mit einem falschen? ... Der Mann auf den Papieren, auf dem Meldezettel ist nicht identisch mit dem Mann, der soeben angekommen ist. Was kann man tun? Soll man ihn einsperren? Dann ist nicht der Richtige eingesperrt. Soll man ihn ausweisen? Dann ist ein Falscher ausgewiesen. Aber wenn man ihn zurückschickt, damit er neue Dokumente, anständige, mit zweifellosen Namen bringe, so ist jedenfalls nicht nur der Richtige zurückgeschickt, sondern auch eventuell aus einem Unrichtigen ein Richtiger gemacht worden. Man schickt ihn zurück, einmal, zweimal, dreimal. Bis der Jude gemerkt hat, daß ihm nichts anderes übrigbleibt, als falsche Daten anzugeben, damit sie wie ehrliche aussehen ...» – Wer weiß, ob das noch die richtige Großmutter ist, die da geheiratet hat?

«Dann hab ich geheiratet. Die Mutter und die Schwester sind zu meiner Hochzeit nach Wien gekommen, aber der Vater ist nicht mitgekommen, er hat gesagt: ‹Wien ist trejfe, in Wien sind sogar die Steiner trejfe.› Er war ein sehr frommer Mann, er wollte nicht nach Wien kommen. Wie die Mutter gekommen ist, hat sie mir alles erzählt: wie sie nach Rußland ist und wie die Russen gekommen sind.

Wie ich weg bin von Tarnopol, sind die Russen einmarschiert. Bei den Russen haben sie eine sehr schlechte Zeit gehabt. Meine Mutter hat immer gemacht so große Gläser Wischniak, das ist ein Getränk mit Kirschen und Wasser, so wie Weichselsaft. Die Russen sind gekommen und haben sich genommen, was sie wollten. Wischniak haben sie nicht gebraucht, haben sie genommen Papier und hineingesteckt ins Glas, nur ums zu ruinieren. So waren die! Die ganzen Männer haben sie zur Zwangsarbeit geschleppt, sie sollen Graben graben, Schützengraben heißt das, glaub ich, es war ja Krieg. Man hat auch meinen Vater geholt. Meine Schwester ist nachgelaufen, sie will gehen statt dem Vater, aber man hat sie nicht lassen. Im Krieg sind dann auch Leute evakuiert worden von den Ölstädten. Manche haben bei meinen Eltern gewohnt in Tarnopol. In die kleine Wohnung haben sie noch reingenommen Leute! Einer von denen war verliebt in meine Schwester, aber es ist nichts geworden draus.

Der Schmarack hat dann bei sich zu Hause für uns eine wunderbare Hochzeit arrangiert. Meine Mutter war dabei, meine Schwester war dabei, aber vom Jakob seiner Familie war keiner dabei; nur die Frau vom Schmarack, das war die Schwägerin von seiner Schwester, der Salke. Die Hochzeit war im Klucky-Tempel, aber der Empfang war beim Schmarack in der Wohnung. Er war ein sehr guter Mensch. Zuerst hab ich gewohnt in dem Kabinett, aber wie wir geheiratet haben, ist in demselben Haus, wo ich ein Kabinett gehabt hab, eine Wohnung frei geworden, in der Karl-Meißl-Straße 10, Tür 20. Das war eine große schöne Wohnung, das war schon mit allem Komfort: ein großes Zimmer und ein Kabinett, eine Küche, ein Vorzimmer und ein Klosett; und eine Wasserleitung. Dort haben wir gewohnt, dort hab ich schon die Schneiderei geführt, und die Kinder sind dort geboren.»

Man ist gefahren bei der Mutter das Kind haben

«Also, wir haben geheiratet, und genau neun Monate später ist schon der Oskar geboren. Wenn man das erste Kind gehabt hat, ist man zur Mutter gefahren, verstehst du. Heute wär's eine Dummheit – damals waren keine Spitäler. Man ist gefahren bei der Mutter das Kind haben. Vielleicht drei Wochen vorher war ich dort. Ich weiß, ich war hochschwanger. Ich hab dir doch gesagt, ich bin mit meiner Mutter am Markt gegangen; am Ringplatz war das, dort, wo die Standeln waren. Ich war hochschwanger, und da haben die Frauen, die dort am Markt was verkauft haben, gerufen: ‹Wabal wischt hubn a Jingal› – ‹Wirst haben einen Buben›, haben sie gesagt. Ich weiß nicht, warum ich gefahren bin, aber es war so! Den Oskar hab ich bei meiner Mutter zu Haus gekriegt, in Tarnopol. An Oskars Geburt erinnere ich mich, als wäre es heute. Um ein Uhr zu Mittag ist er geboren. Die Mutter hat bestellt eine Hebamme, und die Hebamme ist ins Haus gekommen, und man hat ihr bezahlt, ganz normal. Das haben alles die Eltern gemacht.

Wie der Oskar geboren ist, ist der Jakob nach Tarnopol gekommen. Am Bahnhof hat man ihm schon gesagt, daß er einen Sohn hat. Da ist er gelaufen von der Bahn in die Stadt hinein zu Fuß. Den ganzen Weg so im Galopp. Es war ganz schön weit! Er ist gerade noch recht gekommen zum Bris. Weißt du, was ein Bris ist? Eine Beschneidung. Der Rabbiner hat die Beschneidung gemacht, ein Mojl, der war speziell dazu. Es wurde alles organisiert von der Synagoge aus. Da war eine Feier bei meinen Eltern im Haus. Von meinem Vater die Verwandtschaft, der Onkel, die Tante, und von der Schil von meinem Vater sind ein paar Freunde gekommen. Der Vater von meinem Mann war schon gestorben – Haskel hat er geheißen –, und den Oskar hat man nach ihm benannt. Es war nicht so ein großes Fest. Ich weiß nur, daß Meschillems Vater war ein Sandik. Er ist gesessen beim Tisch, so wie du jetzt hier sitzt, an das kann ich mich noch erinnern. Er war natürlich der Wichtigste!»

Von einem Sandik hatte ich noch nie gehört! Ich war noch nie bei einer Beschneidung dabei und habe überhaupt von den jüdischen Festen, die in den Erzählungen meiner Großmutter vorkommen, nur äußerst vage Vorstellungen. Meine Eltern können mir da auch nicht viel helfen, und sogar meine Großmutter, die das doch alles erlebt hat, kann mir das Ritual der Beschneidung nicht erklären: Sie sei zwar dabeigewesen, aber sie habe weggeschaut, sagt sie. Obwohl meine Großmutter also aus frommem Hause stammt, bin ich auf Nachschlagewerke angewiesen. Sie bestätigen die wenigen Erinnerungsbilder, die sie sich bewahrt hat: «Die rituelle Beschneidung des neugeborenen Knaben findet jeweils am achten Tag nach der Geburt statt.» – «Abgesehen vom Mohel, der die Beschneidung durchführt, kommt der Ehrenplatz dem Sandak zu, der das Kind während der Beschneidung hält.» Der Sandak, den meine Großmutter in ihrer ostgalizischen Mundart Sandik nennt, ist sozusagen der Pate des Kindes. Er genießt das volle Vertrauen der Eltern und wird – so die einschlägige Literatur – vom Vater mit größter Sorgfalt ausgewählt. Besonders wichtig sei der Sandak beim erstgeborenen Sohn, noch dazu, wenn dieser auch das erste Kind der Mutter ist. Eben jenen Ehrenplatz hatte der Vater des Meschillem inne.

Die Familie des Meschillem hat im Leben meiner Großmutter offenbar eine Schlüsselrolle gespielt: Mit Meschillem ging sie tanzen, mit Meschillems Verlobter Salke in die Häuser reicher Juden nähen, Meschillems Schwager Jakob warb um ihre Gunst, ein anderer Schwager des Meschillem arrangierte Ehe und Hochzeit. Und nun stellte sich heraus, daß sein Vater auch der Pate ihres Erstgeborenen war. Woher kannte man sich? Waren die Männer befreundet? Gehörten sie der gleichen chassidischen Gemeinde an? Über solche Fragen schüttelte sie nur verwundert den Kopf: «Nein, das waren keine Chassiden. Der Meschillem hat jüdische Kleider angehabt, aber er war ein ganz gewöhnlicher jüdischer Mann.» Den Hintergrund dieser engen Beziehung kennt sie nicht: «Ich habe ja die ganze Familie vom Meschillem gut gekannt, wir haben doch im Haus gewohnt von der Schwester vom Meschillem», erklärte sie und setzte in diesem Fall – unbeirrt von meinen Fragen – ihren Bericht fort:

«Das muß ich dir auch erzählen: Damit die Eltern sollen die Kinder kennen, bin ich mit denen dann nach Tarnopol gefahren. Einmal bin ich hingefahren, hab ich den Oskar mitgenommen. Er war neun Monate alt, und ich hab ihn noch gestillt. Das war das einzige Mal, wo meine Eltern ihn dann nach der Geburt noch einmal gesehen haben. Ich bin hingekommen, hat mein Vater ihn am Knie gehalten, er hat ihn gerne gehabt, hat ihn sehr geliebt, das älteste Ajnikl, das älteste Enkerl.

Da bin ich also nach Tarnopol gefahren. Tarnopol hat dann zu Polen gehört; erst hat's gehört nach Österreich, und wie das vorbei war, wie man Polen gegründet hat, war's aus mit Österreich. Ich weiß nicht, ob man einen Paß gebraucht hat, ich kann mich nicht erinnern. Ich weiß, man hat müssen umsteigen in Lemberg. Lemberg ist zwischen Krakau und Tarnopol, da hat man müssen umsteigen. Ich hab ein Bett mitgeschleppt von Wien nach Tarnopol, so ein Aufstellbett. Ich hab gewußt, meine Eltern haben nicht ein Bett, bin ich gegangen, ich blöde Gans, und hab geschleppt das Bett. Das Bett ist gestanden im Gepäckwagen, und mitten in der Fahrt ist der Schaffner gekommen und hat gesagt, ich muß das Bett von dort rausnehmen, ich muß es zu mir in den Waggon nehmen. Hab ich gehabt das kleine Kind, bin ich gegangen, ich allein, und hab allein das Bett heruntergeschleppt von dem Waggon. Niemand hat mir geholfen. Das könnte dir heute nicht passieren! Solche Sachen, die kommen mir alle wieder zurück, wenn ich dir erzähl.»

Neunhundert Kilometer ist die Strecke von Wien über Krakau und Lemberg bis nach Tarnopol! Auch unter Einhaltung des damaligen Normalfahrplanes dauerte die Fahrt mit dem Schnellzug fast zwanzig Stunden. Die vierhundert Kilometer lange Fahrt von Tarnopol in östlicher Richtung nach Ruschin dauerte Ewigkeiten: Von Schnellzug war da keine Rede. Aber in den Erzählungen meiner Großmutter fährt man hin und wieder zurück, als handle es sich um einen Kurzbesuch im friedlichen Nachbardorf! Und das im Trubel des Ersten Weltkrieges. Während ich darauf warte, aus ihrem Munde dramatische Zeugenberichte von Bomben und Granaten, von Hungerkatastrophen und politischen Umstürzen zu hören, erzählt sie von verständnislosen Schaffnern und beschwerlichen Umsteigeaktionen.

War das denn möglich, fast jedes Jahr auf Reisen zu gehen? 1917, 1918, 1919 war man unterwegs. Wie sah die Welt da aus, durch die man fuhr? 1917: Die Gegend um Tarnopol war – im Gegensatz zum übrigen Galizien – bis zum Sommer in russischer Hand. In Rußland aber hatte es eine Revolution gegeben; manch ein Frontsoldat wollte dabei sein, sollte Gutsbesitzerland konfisziert werden. Der Kampf für nationale Unabhängigkeit war für viele wichtiger als der Kampf für ein Rußland, das ausgespielt hatte. Die Bolschewiken, deren Schlagkraft zunahm, versprachen Minderheitenrechte, Bodenreform und vor allem: das Ende des Krieges. Das russische Heer, das Tarnopol besetzt hielt, war in Auflösung; Soldaten desertierten scharenweise. Im Mai und Juni glaubte kaum noch jemand an einen neuerlichen Angriff der Russen. Österreich zog sogar seine Truppen von der Ostfront ab, um sie an den Isonzo zu verlegen.

Wahrscheinlich war es während dieser kurzen Atempause im Wahnsinn des Weltkrieges, daß sich meine Urgroßmutter Chaje Sobel auf den Weg ins ukrainische Ruschin machte, das sie seit der Auswanderung zwölf Jahre zuvor nicht mehr gesehen hatte. Das schließe ich daraus, daß der Geburtsschein, den sie für ihre Tochter besorgte, im Mai des Jahres 1917 gestempelt und gezeichnet ist. So wurden offenbar einige relativ ruhige Wochen zu dieser notwendigen Reise genutzt.

«Meine Mutter ist dann nach Rußland gefahren, da hat sie alle wiedergesehen, die ganze Familie. Es dürfte nichts Aufregendes gewesen sein, weil sie mir nicht viel erzählt hat.»

Gab es wirklich nichts Aufregendes zu erzählen, als die Mutter ein halbes Jahr später zur Hochzeit der Tochter nach Wien kam?

Die Pause im Kampf war bald zu Ende. Als er wieder aufgenommen wurde, stand Tarnopol im Zentrum von Ereignissen, die heute so ungeheuerlich klingen, daß man nur schwer begreift, wie man ein normales Leben führen konnte: Im Juli 1917 gingen russische Kerntruppen zum Angriff über; zwei Wochen später folgte die Gegenoffensive deutscher Divisionen. Die Schilderungen von Korrespondenten und Historikern zeigen stets Tarnopol als Hexenkessel im Mittelpunkt der Angriffe. Hier nur eine kleine Auslese von Zitaten aus der Presse: «Am 11. Juli stand Brussilovs Armee in Tarnopol» – «Russische Soldatenmeuterei in Tarnopol» – «Am 21. Juli sprengte deutsche Kavallerie durch die Straßen von Tarnopol» – «Am 23. Juli war die ganze Stadt in deutschen Händen» – «Beim Rückzug der Russen aus Tarnopol kam es zu Mord, Brand und Plünderungen» – «Der Rückzug war von furchtbaren Pogromen in Tarnopol begleitet» – «Tarnopol in einen Ruinenhaufen verwandelt».

Am 9. Dezember ehelichte die Ella Wolfzahn den Jakob Rosenstrauch; Chaje Sobel kam zur Hochzeit aus Galizien nach Wien. Im Dezember 1917 begannen die Friedensverhandlungen von Brest-Litowsk. Die Kämpfe an der österreichischen Front wurden ab dem 7. Dezember vorübergehend eingestellt. Bestimmte Brest etwa das Wiener Hochzeitsdatum? Wurde wiederum eine Pause im Gefecht zu Besuchen genutzt?

1918: Kaum hatten sich die jungen Leute das Jawort gegeben, sank die Lebensmittelversorgung in Wien unter die Hungergrenze. In der Schilderung Manès Sperbers wird die tragische Situation in Wien lebendig: «Erst im Winter 1917/18 begriff die Wiener Bevölkerung, daß ihre Klagen über Hunger und Mangel jeder Art zwar gewiß begründet, jedoch übertrieben gewesen waren. Denn nun erst wurde das Leben mit jedem Tag schwerer. Manchmal war es, als hörte man die große Stadt wie einen Schwerkranken mit Mühe und Pein um Atem ringen.» Da machte Ella sich auf den Weg nach Galizien, um ihr Kind zur Welt zu bringen.

Aber in Galizien war das Leben auch nicht ohne Pein. Bevor die österreichisch-ungarische Monarchie endgültig den letzten Atemzug getan hatte, nahm sie noch am Tauziehen um die Ukraine, diese Kornkammer Europas, teil, um die sich außer Österreichern auch Deutsche, Ukrainer, Polen und Russen verschiedenster politischer Observanz bewarben. Die Ukraine machte sich vorerst selbständig, abwechselnd beherrscht von ukrainischen Nationalisten und sowjetischen Revolutionären, bis deutsche und österreichische Truppen im März 1918 einmarschierten. Das Brot für die hungernde Bevölkerung in Wien und Berlin, das man sich durch die Besetzung erhofft hatte, blieb aber aus! Der ukrainische Widerstand gegen die Besatzer nahm ständig zu. Im Juli 1918 fiel dann der deutsche Gouverneur der Ukraine einer Kugel zum Opfer. Als meine Großmutter zur Geburt ihres Sohnes und der Beschneidungsfeier in Tarnopol weilte, war die Stadt – trotz unsicherer Grenzen – ukrainisch.

Mit dem sechs Wochen alten Sohn kehrte sie dann, an Soldatentransporten vorbei, auf Abstellgeleisen wartend, im September 1918 nach Wien zurück. Sie hielt sich in der zerrütteten Hauptstadt auf, als die Monarchie im Oktober alle Ansprüche auf Galizien aufgab, als im November die Republik Deutsch-Österreich ausgerufen wurde und als in den Straßen Wiens geschossen wurde. Von diesen Unruhen weiß sie nichts zu berichten. Aber auch mit dem Ende der Monarchie waren die Kämpfe um Galizien noch lange nicht entschieden, denn auch das neue Polen verhandelte um seine historischen Rechte in Galizien. In Ostgalizien kam es immer wieder zu ernsten Zusammenstößen, diesmal zwischen Polen und der Ukraine.

In Lemberg wurde vorerst eine unabhängige Republik Westukraine ausgerufen, die das ehemals österreichische Ostgalizien, die Nordbukowina und Nordostungarn umfaßte. Lemberg wurde zu Lviv und Tarnopol wurde westukrainisch. Aber auch Polen, das sich ebenfalls als unabhängige Republik etabliert hatte, war bereit, um Galizien zu kämpfen. Polen griff an, eroberte zuerst einmal Lemberg-Lviv, das dann auf polnisch Lwów hieß. In der nationalistischen Begeisterung kam es zu gewalttätigen Ausschreitungen gegen die Juden der Stadt.

1919: Im Mai 1919 traf Polen dann neue Vorbereitungen für den Ansturm auf Galizien... Im Mai 1919 fuhr meine Großmutter gerade mit dem Zug von Wien via Lemberg nach Tarnopol – und erinnert sich an ein Aufstellbett, das ab Lwów nicht mehr im Gepäckwagen stehen durfte! Im Mai 1919 begannen aber auch die Friedensverhandlungen in Saint-Germain. Einen Monat später, als meine Großmutter dort war, wurde Tarnopol polnisch.

Es dauerte noch lange, ehe es nach abwechselnden polnischen, sowjetischen und ukrainischen Offensiven in Galizien zum endgültigen Waffenstillstand, zum endgültigen Frieden kam.

Die ersten Jahre der neuen Republik Deutsch-Österreich waren schwierig, die Lebensbedingungen für die Wiener Bevölkerung waren traurig, die der fast dreißigtausend Flüchtlinge aus Ostgalizien, die nach 1918 in Wien blieben, waren katastrophal. Mit ihrem neugeborenen Sohn versuchte das junge Paar aus Galizien in der Brigittenau, nur wenige Schritte von der Augartenmauer entfernt, heimisch zu werden. Aus dem ersten Wiener Meldezettel geht hervor, daß die Familie vorläufig noch in Galizien heimatberechtigt war. Erst 1920 entschied sich die Frage der Staatszugehörigkeit der Flüchtlinge aus den ehemaligen Kronländern der Monarchie: Wer nachweisen konnte, daß er dem deutschen Kulturkreis entstammte, Deutsch sprach und deutschsprachige Schulen besucht hatte, erhielt das Recht, für die österreichische Staatsbürgerschaft zu optieren. Rund zehntausend Ostjuden erhielten zwischen 1920 und 1925 ihren Wiener Heimatschein; die Großmutter war eine von ihnen. Bis es 1924 soweit war, waren es aber vornehmlich Familiensorgen, die sie in Anspruch nahmen.

«Wie ich das Aufstellbett aus dem Waggon geschleppt hab, war ich schon wieder schwanger. Mit der Franzi. Ich hab das nicht gewußt, weil ich hab noch gestillt. Ich war nicht unwohl während dem Stillen und hab nicht gewußt, daß ich schwanger bin. Aber meine Mutter hat gesagt: ‹Ich find, du bist nicht normal, bist du schwanger?› Sag ich: ‹Nein, ich bin nicht.› Erst wie ich nach Hause gekommen bin, nach Wien, bin ich zum Doktor ge-

Ich war a junges Mädel, ich war allein. –
Meine Großmutter mit 19 in Wien. (Privatbesitz)

Am Ringplatz war der Markt, dort wo die Standeln waren. –
Tarnopol. Markt mit Buden. (Bildersammlung der Österreichischen Nationalbibliothek)

Ende Juli war Tarnopol in deutscher Hand; der Rückzug der Russen war von furchtbaren Pogromen begleitet. – Juli 1917: Kaiser Karl von Österreich in Tarnopol; im Gespräch mit Rabbinern. (Bildersammlung der Österreichischen Nationalbibliothek)

Das interessanteste Baudenkmal Husiatyns ist die in der Türkenzeit erbaute Synagoge. – Synagoge in Husiatyn.
(Orlowicz: Illustrierter Führer durch Galizien, 1914. S. 329)

Alle Chassiden sind zum Bahnhof gelaufen, den Rebbn zu begrüßen.
Ein polnischer Wunderrabbi am Bahnhof.
(Bildersammlung der Österreichischen Nationalbibliothek)

Ich hab mir dann in der Nordbergstraße eine Werkstätte eingerichtet. –
1931: Ankunft Charly Chaplins in Wien. Im Hintergrund das Haus Nordbergstraße 12.
(Bildersammlung der Österreichischen Nationalbibliothek)

Mein Mann hat dann gearbeitet im Haus zum Eisenbahner. Mein zweiter Mann hat dort gewohnt. –
Blick vom Franz-Josefs-Bahnhof auf die Friedensbrücke mit Haus zum Eisenbahner.
(Bildersammlung der Österreichischen Nationalbibliothek)

Ich hab alles erlebt, alles überlebt, fertig. –
Meine Großmutter mit 90 vor ihrem Londoner Reihenhäuschen.
(Privatbesitz)

gangen. Ich hab gewußt, während man stillt, passiert es, daß man nicht unwohl wird, das ist normal. Man hat gesagt, wenn man stillt, wird man nicht schwanger, so hat man mir gesagt. Ich bin aber ja schwanger geworden!

Ich nehme an, die Franzi ist ein Siebenmonatskind, so wie sie ausgeschaut hat, wie sie herausgekommen is. Ich weiß nicht offiziell damals, ob sie zu früh geboren ist, man hat sie nicht gewogen, aber ich glaub bestimmt. Dafür ist sie so ein Vergrüntes geboren. Die Hebamme hat mir gesagt, das Kind ist so groß wie ein Kaffeelöfferl. Ich hab sie schon bei mir in der Karl-Meißl-Straße bekommen. Mein Mann war nicht da, er war gefahren besuchen a Freund in der Provinz. Und während er weggefahren ist, hat man müssen die Hebamme holen, und ich hab sie gekriegt. Um acht Uhr in der Früh. Ich war ganz allein, und ich hab doch gehabt das Kind, den Oskar. Ich hab ihm das nie verziehen, daß er weggefahren ist und mich alleingelassen hat, hochschwanger. Zum Glück hat der Schmarack mir sein Dienstmädel geschickt, die hat mir zusammengeräumt die Wohnung und etwas abgekocht. Er selber ist gekommen und hat den Oskar zu sich genommen und hat ihn bei sich schlafen lassen. Die haben selber drei Töchter gehabt, und dein Papa war damals achtzehn Monate alt. Ja, der Schmarack war gut zu mir. Ich vergeß nicht, wenn jemand gut zu mir is.»

Sie hat tagelang geschrien

«Die Franzi war eine schreckliche Schreierin. Erstens war sie ein Siebenmonatskind, und außerdem konnte ich sie nicht stillen, weil ich keine Milch gehabt habe. Alle andern habe ich gestillt, nur sie nicht. Ich hab keine Milch gehabt. Sie war ein Flascherlkind: sie war sehr nervös. Stell dir vor: Sie is geboren, und ich hab nichts gehabt! Es war schrecklich! Und es waren Kriegszeiten, und man hat keine Milch bekommen für die Kinder. Alles war rationiert, auf Marken, und die Marken waren zugeteilt. Ich glaub, man hat sie zugeschickt, mein Mann hat das alles organisiert, er war da der ganze Macher. Auf einmal hat man mir weggenommen die Milch für das Kind, die man mir zugewiesen hat. Da hab ich so eine Wut gekriegt, daß ich das Kind genommen habe und mit ihm in die Gemeinde gegangen bin. Ich hab's hingesetzt auf den Tisch und hab gesagt: ‹Schauen Sie, das Kind ist so und so viele Monate alt, schauen Sie sich an, wie sie ausschaut, und da nehmen Sie mir noch die Milch weg!› Ich hab mich sehr aufgeregt. Da haben sie mir die Milch zurückgegeben. Stell dir vor, so eine Frechheit, mir wegzunehmen die Milch fürs Kind! Sie hat tagelang geschrien, Tag und Nacht. Das war unmöglich!

Dann hab ich einmal eine Annonce gesehen, daß sie ein Kinderheim aufgemacht haben. Dort haben wir sie dann hingegeben in das Säuglingsheim. Sie war aber nur ein paar Tage dort, weil man hat sie nicht behalten wollen. Sie hat dort so geschrien, daß sie gesagt haben, daß das nicht geht, weil sie die ganze Nacht schreit, daß man sie abholen kommen muß, sie halten es nicht aus. Da ist der Jakob hingefahren in der Nacht, hat sie in einen Schal eingepackt und hat sie nach Hause gebracht.

Ich hab damals nicht gearbeitet. Zwei Jahre hab ich nicht gearbeitet. Das war fürchterlich! Nichts hab ich gehabt, nichts hat er mir gegeben. Ich hab das nicht ausgehalten. Wenn ich ihm gesagt hab, man braucht a paar Schuh, hat er das Heferl an die Wand geschmissen aus Wut, weil ich ihm gesagt hab, daß ich Geld brauch. Ich weiß nur, daß ich eine große Rauferei gehabt hab mit ihm, weil ich wollte meinen Eltern jeden Monat Geld schicken, und er hat mich nicht lassen. Seine Mutter war schon tot, der Vater war tot, die Schwester ist gestorben, und da hab ich sehr viele Streitereien gehabt. Er war a Buchhalter, er hat gut verdient, aber er hat schwer gegeben das Geld. Da hab ich gesehen, mit dem Mann komm ich nicht aus, da hab ich gesagt, es geht nicht so, ich muß Geld verdienen, ich muß arbeiten.

Ich finde, für eine Frau ist das sehr wichtig, daß sie unabhängig is vom Mann. Früher war es so, daß die Frau zu Hause war. Bei mir war das anders: Ich war a Mensch, der Armut gesehen hat, ich konnte da nicht zusehen und hab mir gedacht, es muß nicht sein. Wenn man arbeiten kann, kann man ordentlich leben, dann muß man nicht arm sein. Da hab ich mich zusammengenommen und hab angefangen zu arbeiten. Ich wollte nicht arm sein, und ich hab viel gearbeitet. Den Oskar hab ich in den Kindergarten gegeben: Das war ganz in der Nähe, ein privater Kindergarten. Der Jakob hat ihn immer hingebracht in der Früh. Er war ein guter Vater. Zu den Kindern war er sehr gut!

Ich hab mir zu Hause eine Werkstätte eingerichtet im Wohnzimmer und hab angefangen zum Nähen. Nähmaschine hab ich gehabt, ich weiß nicht von wo. Ich sag dir doch, das war mein einziges Glück, daß ich hab nähen können! Dann hab ich schon verdient. Wie ich angefangen hab zu verdienen, dann hab ich nichts mehr verlangt von ihm, und alles war in Ordnung. Dann hab ich schon ein Mädel gehabt. Ich hab dem Mädel gezahlt, und das Mädel hat alles gemacht: in der Werkstätte geholfen, Kinder in den Kindergarten gebracht, gekocht.

Wir haben Freunde gehabt, die Deutschs, und mit den Deutschs waren wir viel zusammen, weil wir haben Kinder im selben Alter gehabt. Die Frau Deutsch war eine sehr nette Person, sie is gekommen zu mir, und ich bin gekommen zu ihr. Sie war mir behilflich, weil ich hab gearbeitet, und sie ist manchmal gekommen und hat dem Mädel gesagt, wie sie kochen soll. Ich sag nur, ich hab Hilfe gehabt. Auch die Regine hat mir geholfen. Sie war zuerst ein Kindermädel, und dann hat sie bei mir die Schneiderei gelernt. Bei mir war immer die Arbeit zuerst. Man hat sich überall einschränken müssen. Es war eine gute Wohnung, mit Wasser und Clo, aber es war ja eine kleine Wohnung: nur ein Zimmer und ein Kabinett. Wir haben ein Schlafzimmer gehabt, da hat man gehabt zwei Betten und ein Sofa, da hat der Oskar geschlafen, und später dann noch ein Kinderbett. Alles in dem einen Zimmer. Da war ein Kasten, ein Schreibtisch, eine Psyche, ein Eßtisch. In der Früh wurde alles weggeräumt, und man hat den Arbeitstisch hergerichtet. Es war ziemlich klein.

Später, wie die Kinder in der Schule waren, hab ich schon eine Frau gehabt, die mir die Wirtschaft geführt hat. Die hat in der Karajangasse gewohnt, in der Gasse, wo die Schule war. Sie is in der Früh gekommen und am Abend nach Haus gegangen. Die hat gekocht und alles gemacht, Wäsche gewaschen. Und ich hab gearbeitet. Ich hab gemacht Kleider, aber nicht so viele. Am Anfang hab ich nicht so viele Kunden gehabt. Ich weiß nicht, wer meine ersten Kunden waren. Das waren Leute von der Straße, was eine der anderen rekommandiert hat. Ich hab nicht brauchen advertisen. Ich hab nur brauchen einer Kundin ein Kleid machen, und das hat sich herumgesprochen, und ich hab schon Kunden gehabt. Die eine Kundin hat's weitergesagt und die weiter. So hab ich immer Kunden gehabt. Wie ich angefangen hab, da hab ich auch ein oder zwei Mädeln gehabt zum Arbeiten. Die sind gekommen in der Früh und weggegangen am Abend. Vielleicht war das mit der Frau, die mir die Wirtschaft geführt hat, erst später? Ich hab einmal ein tschechisches Mädel aus der Karajangasse gehabt, die immer für den Tag gekommen ist. Ich weiß nicht, wie lange das gedauert hat. Die Jahre laufen so schnell vorbei, daß man das gar nicht so weiß.

Aber dann war ich schwanger mit der Edith. Da war ich schrecklich unglücklich. Ich war so unglücklich, daß ich wieder schwanger war, ich kann dir das gar nicht sagen. Ich hab schon genug gehabt mit den zwei Kindern! Ich hab gar nicht gewußt, was für eine herrliche Edith ich kriegen werde. Die Edith habe ich gehabt in Zwischenbrücken. Da war ein neues Entbindungsheim eröffnet, da war ich angemeldet. Ich hab immer geplant, was sein wird, und ich war eine von den ersten in dem Entbindungsheim. Es war sehr schön dort.

Da war auch so eine Geschichte, die ich dir erzählen muß: Ich hab gearbeitet und war hochschwanger. Es war Nachmittag, so gegen Abend. Ich war schon müde. Da bin ich gegangen in den Augarten. Damit ich nicht so sitze mit gar nichts, hab ich mir genommen eine Handarbeit, etwas zum Nähen, und hab es gemacht. Bin ich gesessen im Augarten und hab genäht; ich hab so ein Cape angehabt. Und auf einmal hab ich Schmerzen gekriegt. Da hab ich Angst bekommen und bin zu Fuß zum Wallensteinplatz gegangen. Von dort bin ich allein nach Zwischenbrücken in das Entbindungsheim gegangen. Und dort haben sie mich schon behalten und dort hab ich das Kind gekriegt. Ich weiß gar nicht mehr, wie ich das geschafft hab. Um sieben Uhr bin ich noch im Augarten gesessen und hab noch genäht auf einem Sesserl, und um neun Uhr war sie schon geboren. Man kann gar nicht glauben, wenn man jung ist, wie stark man ist, wie gute Nerven man hat. Man kann alles machen.

Mein Mann hat nicht einmal gewußt, daß ich gefahren bin. Ich weiß nicht einmal, wie er das erfahren hat. Wahrscheinlich hab ich nach Haus geschickt jemanden sagen, daß ich dort bin. Der Jakob hat mich auch nicht abgeholt vom Spital. Ich hab ihn ignoriert. Ich war so unglücklich damals. Aber die Edith war ein herrliches Kind, sie hat man überhaupt nicht gehört. Sie war brav, sie hat geschlafen, gelacht und war freundlich. Die Edith hat man schon gewogen, sie war ein großes Kind. Sie war sechs Kilo. Ich bin mit ihr nach Hause gekommen und die Ruza – a Verwandte, die hat auch in der Karl-Meißl-Straße gewohnt – is mir entgegengekommen und hat mir das Kind aus der Hand genommen und war begeistert, was für ein schönes Kind sie war. Die anderen Kinder waren zu Hause.»

Ich wollte nicht arm sein

«Damals hab ich schon verdient, da war ich schon unabhängig. Da hab ich schon ein Dienstmädel und ein Lehrmädel gehabt. Ein junges Mädel – die Mitzi –, die hat gelernt die Schneiderei bei mir. Die war groß und stark. Da hat sie immer das Wagerl vom Stock heruntergetragen und ist mit dem Baby im Augarten spazierengefahren. Das war schon ganz was anderes! Die Mitzi hat meine kleine Edith vergöttert. Und sie hat sie verwöhnt, sie hat alles für sie gemacht. Sie hat sie aus dem Bett genommen, hat sie in der Küche auf die Kohlenkiste gestellt und hat sie angezogen, gewaschen, sie hat alles gemacht für sie.

Aber ich hab's nicht leicht gehabt! Was ich nicht gemacht hab, das war nicht gemacht. Er hat überhaupt sich nicht gekümmert, daß er Frau und Kinder hat, das war alles meine Angelegenheit. Er ist jeden Tag ins Kaffeehaus gegangen und hat sich unterhalten. Wenn man ihm gegeben hat, hat er genommen. Im Nehmen war er großartig. Ich war so verzweifelt mit ihm, daß ich ihm davongelaufen bin: Ich hab eine Kundin gehabt, und die Kundin hat mir zugeredet. Sie hat gesagt: ‹Kommen Sie zu mir, und bleiben Sie ein paar Tage.› Sie hat ein leeres Zimmer gehabt, und bei ihr hab ich mich einquartiert. Da hat er sich keinen Rat schaffen können, da hat er die Kinder aufgehetzt. Sie waren noch klein. Die Franzi war vielleicht sechs und der Oskar vielleicht acht, die Edith war noch ganz klein, aber auf die Mitzi konnte ich mich verlassen. Ich bin die Kinder besuchen gekommen, und er hat ihnen gesagt, wenn ich komme, sollen sie anfangen zu weinen, und das haben sie gemacht. Alle haben sie geweint. Bin ich nach Hause gekommen, weil ich konnte die Kinder nicht suffern lassen. Ich war nicht lange weg, ich konnte ja nicht, ich hab die Werkstätte gehabt, ich hab alles gehabt dort in der Wohnung. Ich bin nur davongelaufen, weil ich es nicht mehr ausgehalten hab. Wir haben zwei verschiedene Leben geführt. Ich war ganz für die Kinder und ganz für die Arbeit. Und er hat ein freies Leben geführt und sich um nichts gekümmert.

Wir haben dann eine Abmachung getroffen, und wir haben aufgehört zu streiten. Ich bin ein Mensch, der – entweder ich vertraue einem Menschen, oder ich rede nicht mit ihm. Ich hab ihm einfach keine Antwort gegeben. Ich bin keine Streiterin. Ich weiß nicht, ob die Kinder gewußt haben, daß wir eine schlechte Ehe gehabt haben. Ich hab es möglichst von den Kindern zurückgehalten. Ich wollte nicht, die Kinder sollen wissen. Aber siehst du, das ist alles anders ausgegangen. Ich hätte mich ja scheiden lassen können, aber ich hab gesagt, ich tu das nicht, ich will nicht, daß meine Kinder sollen keinen Vater haben. In der Schule wird man ihnen sagen, sie haben keinen Vater. Den Kindern zuliebe bin ich bei ihm geblieben. Und wann ich mich scheiden lassen wollte, hat er gesagt: ‹Warum soll ich mich scheiden lassen? Du bist ja mein Brot und Butter.› Er wollte auf keinen Fall. Er hat mich sehr geliebt, aber was hab ich davon? Er hat mich geliebt!

Ich hab müssen arbeiten, hab müssen verdienen, hab müssen aufpassen auf die Kinder und hab müssen alles. Er hat wollen, ich soll ihm auch noch geben. Für einen Mann ist es schwer, wenn die Frau Geld hat. Wenn er vielleicht gewußt hätte, ich hab nicht, hätte er vielleicht leichter gegeben. Er hat gewußt, er gibt nicht, geb ich. Das hab ich nicht gemacht. Er hat sich verwöhnen lassen, er hat sich ins Bett gelegt und hat krank gespielt, wir sollten ihn bedienen. Es war eine sehr unglückliche Sache.

Er war sehr intelligent, sehr begabt. Er hat doch in Tarnopol die Schule besucht und, um es weiterzubringen, ist er nach Deutschland gefahren und hat monatelang studiert. Er hat schon wunderbar Deutsch gesprochen. Zu Hause mit meinem Mann haben wir nur Deutsch gesprochen. Der war nicht so, der hat studiert in Deutschland, der war schon Buchhalter, der hat Deutsch gesprochen. Er hat auch gut Polnisch gesprochen, aber nur, wenn er nicht wollte, daß es die Kinder verstehen, oder wenn Freunde von uns aus Polen gekommen sind. Er hat viele Bücher gelesen, Prüfungen gemacht und so. Er hat Kurse besucht in Kalligraphie. Er hat eine wunderschöne Schrift gehabt. Wenn die Leute von der Straße haben gebraucht ein Gesuch schreiben jemanden, sind sie zu ihm gekommen, er soll schreiben das Gesuch. Er hat alle Gesuche geschrieben in bestem Deutsch, in seiner schönen Schrift. Er hat sich auch selber ungarisch gelernt. Nicht, weil er es gebraucht hat, aber es hat ihn interessiert. Er war schon der Gebildete.

Er hat zum Beispiel gearbeitet als Buchhalter: Da waren Vertreter, die mit Waren in die Häuser und in die Fabriken gegangen sind. Sie haben Kunden gemacht und den Arbeitern die Ware angedreht. Die Kunden waren aber doch sehr arm; das waren Fabriksarbeiter. Sie haben genommen die Ware und haben nicht gehabt zum Zahlen die Raten. Und da hat man geklagt die Kunden, da haben sie viel zu tun gehabt mit dem Gericht. Mein Mann hat immer müssen zu den Verhandlungen gehen. Er war gut in solchen Sachen, er hat immer gewonnen. In praktischen Sachen war er gut.

In solchen Sachen war er gut: Die Kinder unterbringen in der Schule und wenn irgend etwas war. Das hat er alles erledigt. Zum Beispiel, nach dem Ersten Krieg hat man ansuchen müssen um Heimatrecht in Wien. Ich kann mich an das nicht mehr erinnern, ich weiß nur, er hat das gemacht, und wir waren dann Österreicher. Er war unerhört intelligent, und er hat keine Angst gehabt vor den Behörden, er hat sich alles getraut. In der Volksschule ist er immer zu den Lehrern gegangen, und die Kinder mußten ihm die Schulnachrichten zeigen. Er war nur streng, wenn sie schlechte Noten gehabt haben.

Mit dem größten Stolz hat er den Oskar ins Gymnasium angemeldet und hingeführt. Am ersten Tag hat er ihn bei der Hand genommen, der Vater, und hat ihn geführt. Er ist im zweiten Bezirk ins Gymnasium gegangen, man hat müssen durch den ganzen Augarten gehen. Da hat er ihn geführt und dort abgeliefert. Da war er so stolz! Er hat die Kinder sehr gerne gehabt, er hat sich sehr um sie gekümmert, er war sehr gut zu ihnen, da kann ich gar nichts sagen. Zum Beispiel, die Franzi hat angefangen Klavier zu spielen, da hat er ihr ein Klavier gekauft; sieben Jahre hat sie Klavier gelernt. Und der Oskar hat Geige gespielt, aber nur ein Jahr, weil es hat ihm nicht zugesagt. Ihm hat nicht viel zugesagt. Er war meistens auf der Straße mit seinen Freunden und im Park.

Sofort wie ich das erste Geld verdient hab, bin ich in die Bank gegangen und hab arrangiert, daß man jeden Monat den Eltern Geld schickt. Ich hab schon gehabt damals ein Bank Account, stell dir vor! Meine Eltern haben einen Kredit beim Greißler gehabt, und wenn ich Geld geschickt habe, haben sie bezahlt. Sie waren doch arm, die haben nix gehabt. Ich hab können Geld schicken, weil ich einen Beruf gehabt habe. Ich habe meinen Beruf geliebt, verstehst du! Und unabhängig war ich und selbständig, ich hab nicht gebraucht fragen niemanden. Es hat mir nur leid getan, daß ich nicht mehr geben konnte.

Aber meine Schwester hat nicht gearbeitet, die hat keinen Beruf gehabt. Nachdem ich von Tarnopol weg bin, hat meine Schwester den Pelc geheiratet. Der war ein sehr netter Mensch, ein großer, schöner Mann, ein feiner Mensch, aber er hat nichts verdient, er hat keinen Beruf gehabt. Er hat irgend so ein Geschäft gehabt, er hat gehandelt mit irgend etwas. Die haben in der Russischen Gasse gewohnt, und meine Schwester hat im Geschäft geholfen, aber wie lange! Sie hat geheiratet, hat gehabt Kinder. Sie hat herrliche drei Kinder mit ihm gehabt. Da hat sie nicht mehr machen können. Das war ja das Malheur, sie hat nicht arbeiten können. Und dann ist das Geschäft zugrunde gegangen. Er war so verzweifelt, weil er nichts verdient hat, daß er sich gemeldet hat, ins Ausland zu gehen. Da sind vom Ausland Leute gekommen, von Südafrika oder von Australien oder so, die haben gesucht Arbeiter. In die Goldgruben haben sie gesucht Menschen zu nehmen. Er hat sich gemeldet, man hat ihn nach Warschau mitgenommen, und da ist er untersucht worden. Da haben sie gesehen, er hat einen Bruch. Deswegen haben sie ihn nicht genommen. Ja, das sind sehr traurige Zeiten gewesen!

Sie haben damals überhaupt kein Geld gehabt, um den Zins zu zahlen. Sie haben müssen ausziehen. Mitten in der Nacht sind sie gekommen zur Mutter in die Barona Hirscha: der Mann und sie mit allen drei Kindern. Sie haben dort alle gewohnt in der Küche. In der Küche war ein Tisch und eine Bank, und man hat ein Bett aufgestellt, und sie haben dort gewohnt. Man hat nicht geschaut auf Luxus. Wenn ich auf Besuch war bei denen in Tarnopol, hab ich alles da lassen: Geld, Kleider, alles; und bin ohne allem zurück gefahren. Eine Armut war das, ich verstehe das heute gar nicht!

Ich war dort, hab ich gesehen, wie schlecht es denen geht, hab ich der Schwester gesagt: ‹Hör mich an, ich hab eine Werkstätte mit Mädels, ich werde dir lernen. Komm zu mir nach Wien, bleib ein paar Wochen und du wirst zuschauen, wirst sehen, und ich werde dir lernen, und du wirst nach Haus kommen und kannst dir irgendwo so ein bisserl was verdienen.› Ist sie gekommen. Aus Tarnopol ist sie zu mir nach Wien gekommen, um zu lernen Schneiderei. Es ist aber nicht viel herausgekommen davon, ihr Kopf war zu Hause. Wir haben nur gehabt Zimmer, Küche, Kabinett, es war nicht viel Platz, sie hat im Kabinett gewohnt, mit dem Mädel und der Franzi zusammen. Die Franzi hat geschrien: ‹Ich will nicht schlafen mit der Tante!› Es war nicht gut.

Aber sie hat mir geholfen übersiedeln.»

Ich hab geschwindelt, verstehst du!

«Ich hab mir in der Nordbergstraße eine Werkstätte eingerichtet. Ich bin dorthin übersiedelt, und meine Schwester hat mir geholfen. Wir haben müssen über die Friedensbrücke gehen mit den Maschinen und allem. Hab ich gesagt: ‹Is dir nicht schwer?› Sagt sie: ‹Schwer kann ich tragen, nur ka Zures kann ich nicht tragen.›

Die Werkstätte hab ich gekriegt, weil der Jakob hat den Job verloren. Er war damals bei Rosenberg und Freier. Die haben eine Hemdenwerkstätte gehabt in der Nordbergstraße. Die Hemdenwerkstätte wurde dann aufgelöst, und die haben ihn entlassen. Das Lokal ist leer geworden, und mein Mann hat es als Abfertigung gekriegt, wie er arbeitslos geworden ist.

Zuerst, wie man ihn entlassen hat, hat er gearbeitet als Buchhalter im Haus zum Eisenbahner, auch beim Franz-Josefs-Bahnhof. Das war vom Rosenberg die Frau der Bruder. Der hat auch ein Ratengeschäft gehabt, aber keine Erzeugung, das war von der Wohnung aus. Nachher, wie mein Geschäft gegangen ist und er keinen Posten gehabt hat, hab ich ihn zu mir ins Büro genommen, dann hat er schon bei mir gearbeitet. Er hat die Buchhaltung gemacht und alles. Ich hab dann so viel Leute gehabt, da waren Rechnungen, Lohnverrechnungen und alles, man hat müssen Rechnungen schreiben für die Kunden und für die Arbeiterinnen und alles, da hat er bei mir gearbeitet.»

Von nun an ging es für sie aufwärts. Mit Ehrgeiz und Selbstdisziplin gewann sie ihre täglichen Kämpfe. Ihr Mann, den man abgebaut hatte, blieb auf der Strecke. Die Übernahme der Werkstätte in der Nordbergstraße, durch die sie zur selbständigen Schneiderin wurde, führte zu einer sprunghaften Veränderung in den Lebensbedingungen dieser Familie von armen Einwanderern. Die Gründung einer eigenen Schneiderwerkstätte war damals unter den aus dem Osten zugewanderten Juden recht verbreitet. Es war eine realistische Möglichkeit, sich zu etablieren und Fuß zu fassen. Wie gut die Eingliederung der Zugewanderten gelang, hing wohl auch damals davon ab, ob es ihnen gelang, Gelegenheiten beim Schopf zu packen, Marktlücken und Berufsnischen aufzuspüren und auszufüllen. Wie waren die Bedingungen, welchen Weg ging man? Da war eine Spur, der ich genauer folgen wollte. Wie hatte sich das im konkreten abgespielt?

In der ersten Hälfte der dreißiger Jahre stieg die Arbeitslosigkeit in Österreich sprunghaft an. Nach dem schwarzen Freitag des Jahres 1929, der an der New Yorker Börse die künstlich hochgehaltenen Aktienpreise ins Rutschen gebracht hatte, zeichneten sich auch in Österreich die Konturen der Wirtschaftskrise ab. 1931 kam die größte österreichische Bank in ernste Schwierigkeiten, und viele Kleinbanken mußten Konkurs anmelden. Tausende von Kleinbetrieben drehten den Schlüssel um. 1932/33 war eine halbe Million Österreicher ohne Arbeit – mein Großvater war bloß einer von ihnen. Der Konkurs des Hemdenerzeugers, dem er die Bücher führte, trat schon 1930 ein. Er kam seiner Frau und damit seiner Familie zugute. Er überließ ihr erst einmal das Geschäftslokal und ging ihr später dann zur Hand. Dabei waren ihm seine Erfahrungen im Umgang mit den Behörden offenbar von Nutzen:

«Weißt du, daß man mich eingesperrt hat, wie ich übersiedelt bin? In der Karl-Meißl-Straße hab ich keinen Gewerbeschein gebraucht, aber in der Nordbergstraße hab ich eine große Werkstätte gehabt, da hab ich einen gebraucht. Ich hab keinen bekommen, weil in Wien hat man nicht anerkennen wollen meine Zeugnisse von Tarnopol, von Polen. Meine Mutter hat mir Zeugnisse geschickt, aber die haben es in Wien nicht anerkannt, verstehst du, es hat nichts genutzt. Für Kleider, um eine Schneiderei aufzumachen, hat man müssen Prüfungen machen. Ich weiß nicht mehr, ob ich auf die Gemeinde gegangen bin oder auf die Innung. Das hat alles der Jakob gemacht, er hat das alles erledigt. Er hat ausfindig gemacht, daß für Schlafröcke und Blusen braucht man keine Prüfungen.

Die Bewilligung für Schlafröcke hat man können haben, ohne Prüfungen zu machen, und da hab ich die Bewilligung bekommen. Da haben sie geschickt kontrollieren. Von der Genossenschaft ist ein Beamter gekommen und hat gefragt, wo mein Gewerbeschein ist. Ich hab einen Gewerbeschein gehabt für Schlafröcke und Blusen nur. Er ist gekommen und hat gesehen, daß ich mach nicht nur Schlafröcke und Blusen, ich mach auch Kleider, und das hab ich nicht dürfen. Und die haben verständigt die Polizei. Vielleicht hat mich jemand angezeigt, was weiß ich. Ich weiß nur, daß er gekommen ist, in Zivil, und hat mich mitgenommen – ich kann mich nicht erinnern, wie die Gasse heißt, wo die Polizei ist. Wart einmal: Das war in der Pappenheimgasse dort in Wien. Mein Mann ist gleich gelaufen zum Solicitor oder was, und man hat mich gleich herausgelassen. Ich sag dir nur, wie streng man dort war!

Da hab ich dann müssen mir hereinnehmen jemanden, die gelernte Schneiderin war. Hab ich aufgenommen eine Compagnonin – die lebt heute in Amerika. Sie war eine gute Bekannte von mir. Ihre Schwester hat dann geheiratet meinen jetzigen Manns Bruder in Amerika. Wie mein Mann Buchhalter war in der Werkstätte dort, war sie eine Sekretärin von ihm, und das war eine Schwester von ihr.

Erna hat sie geheißen! Sie hat gehabt die Prüfung von der Genossenschaft in Wien, und sie hat dürfen sich a Werkstätte machen. So hab ich sie hereingesetzt als Chefin. Es war auf ihren Namen geschrieben worden die Werkstätte. Is gestanden ihr Name dort, Brotknecht oder so, sie war ja angemeldet, sie war die Meisterin.

Ich bin angemeldet gewesen als Arbeiterin, damit ich die Zeit hab, um die Prüfung zu machen. Ich hab ein Jahr in der Erzeugnis arbeiten müssen, und dann hab ich eine Prüfung machen müssen. Ich war bei ihr angestellt, aber ich hab ihr gezahlt ein Wochengehalt, und sie hat gespielt Karten am Tisch, und ich hab gearbeitet. Ich hab der ein Jahr lang zahlen müssen.»

Ich durfte in allen Papieren kramen, die irgendwo in einer Schachtel in der hintersten Schublade im Schlafzimmer meiner Großmutter lagen. Ich fand ein Zeugnis, in dem ihr 1932 bestätigt wird, daß sie knappe zwei Jahre als Kleidermachergehilfin bei erwähnter Frau Erna Halbrecht, verehelichte Brotknecht, gearbeitet habe und wegen Arbeitsmangels abgebaut worden war (!). Die Innung der Kleidermacher in Wien bekräftigt, daß diese 1930 Inhaberin der Schneiderei in der Nordbergstraße war. Ich fand bei dieser Gelegenheit noch eine

Menge anderer Arbeitsbestätigungen, die nicht in das Konzept paßten. So etwa die Bestätigung einer dreiwöchigen Tätigkeit als Taillennäherin bei Frau Elvira Eisenstädter in Wien, von deren Existenz meine Großmutter nichts wissen will. Oder Zeugnisse eines polnischen Schneidermeisters Samuel Beigel in Tarnopol, aus denen hervorgeht, daß sie 1911 bis 1914 erst als Lehrling, dann als Gesellin bei ihm angestellt gewesen sei und daß sie sogar 1919 bis 1920 wieder bei ihm in Tarnopol gearbeitet habe, als ich sie ganz bestimmt in Wien wähnte.

Die Dokumente sind voll von Widersprüchen, und ich bat in dieser Sache immer wieder um neue Auskünfte und Bestätigungen. Ich erklärte meiner Großmutter, daß es sich bei ihren Papieren um Geschichtsdokumente handle. ‹Ich hoffe, du wirst großen Erfolg haben mit deiner Großmutters Leben, belegt mit Dokumenten›, ironisierte sie einmal. Wenn sie auch voller Skepsis war, konnte ich mich doch darauf verlassen, daß sie meinetwillen meine Fragen ernst nahm und sich bemühte, mir zu helfen:

«Schau, meine Eltern haben mir die Zeugnisse geschickt. Das war auf polnisch, und das ist dann übersetzt worden. Wie die das gemacht haben, weiß ich nicht. Ich hab dort gearbeitet bei ihm, aber die Zeit und so stimmt nicht. Das war der, bei dem ich Ärmel nähen gelernt hab. Der hat das wahrscheinlich gemacht, die Daten und alles. Weil ich hab in Wien gebraucht Zeugnisse mit Stempeln und allem. Da haben die mir das verschafft. An das kann ich mich gar nicht mehr erinnern. Das war sicher geschwindelt!»

Die Papiere des Schneidermeisters in Tarnopol waren also geschwindelt, die Tätigkeit als Taillennäherin in Wien gab es nicht, die Zeit als Kleidermachergehilfin in der Nordbergstraße war fiktiv... So kommentiert meine Großmutter alle diejenigen Dokumente, auf die ich vertraut hatte. Wo geht die Grenze zwischen objektiv beweisbaren geschichtlichen Tatsachen und subjektiv selektierten Erinnerungen? Ich kann mich über die Widersprüche zwischen ihren Aussagen und den von der Innung in Wien bestätigten Papieren nur wundern. Haben die schriftlichen Quellen, auf die wir sonst so großen Wert legen, überhaupt noch Sinn? Ich kann versuchen, meine Großmutter eines Fehlers zu überführen, oder ich kann sie überreden, nochmals nachzudenken, ich kann ihr Erklärungen zu widersprüchlichen Berichten abzwingen, selbst Erklärungen suchen, die sie und mich zufriedenstellen können.

Welchen Sinn hatten wohl diese fingierten Dokumente? In diesem Fall fand sich eine glaubwürdige Vermutung: Die Summe der Wochen und Monate, die meine Großmutter angeblich im Angestelltenverhältnis verbrachte, ergibt drei volle Jahre. Drei Jahre, das leuchtete uns beiden ein. Drei Jahre als Gesellin und dann die Meisterprüfung, das ist wohl der allgemein anerkannte Ablauf? Die Ausnahme von der Regel bestand darin, daß es diese Jahre offenbar nicht wirklich gab, daß die Papiere erschwindelt waren! Und daß meine Großmutter – zu diesem Zeitpunkt dreifache Mutter und wenige Jahre zuvor aus der Fremde zugewandert – trotzdem ihre Prüfungen bestand. «Mit Vorzug», wie sie selbst betont. Ihre Kinder bestätigen diese Aussage und berichten selbst auch von dieser Leistung, die auf alle großen Eindruck machte. «Jeden Abend bin ich mit meiner Mutter im Bett gelegen, Rücken an Rücken, und bin beim Nachtlamperl eingeschlafen, weil die Mama gelernt hat», erinnert sich die damals sechsjährige Tochter. «Wir waren mit dem Mädel in Sankt Andrä Wördern auf Urlaub, und am Wochenende ist die Mama und der Papa immer zu uns herausgekommen, und ich hab immer die Mama geprüft», erzählt die zweite, damals etwa zehn. «Während der Woche hat sie gearbeitet, am Abend hat sie gelernt, und am Wochenende hab ich sie geprüft.» Und der Älteste fügt hinzu: «Die Prüfung, das war ein wichtiges Erlebnis in der Familie, ein aufgeregter Tag, aber das Resultat hat sie, glaub ich, erst später erfahren.»

«Ich hab zwei Prüfungen gemacht in der Genossenschaft für Schneiderei. Eine hab ich gemacht, und für die zweite hab ich müssen noch bei der ein Jahr arbeiten. Und wie die Zeit ab war, hab ich mich bei der abgemeldet und hab die Prüfung gemacht. Is mein Mann gestanden draußen, wie ich die Prüfung gemacht hab, und die Leute sind herausgekommen. Hat er gefragt: ‹Wie ist die Rosenstrauch?› – ‹Oh, sie ist vorzüglich!›

Weißt du wieso? Ich hab müssen ein Kleid machen, das war

die Prüfung. Die Mädels, die Arbeiterinnen, haben mir in der Werkstätte die Ärmel zu dem Kleid und die Schlingerln gemacht und alles wunderschön. Das hab ich in der Hose versteckt. Bin ich hingekommen, hat man untersucht. Ich hab hingebracht ein zugeschnittenes Kleid ohne jede Arbeit. Nichts gemacht dran. Wie haben wir das gemacht? Wir haben das vorgearbeitet, und ich bin hingekommen und hab rausgenommen die fertigen Sachen. Dafür hab ich es schnell machen können, sonst hätt' es viel länger gedauert. Ich hab geschwindelt, verstehst du, und hab mit Vorzüglich bestanden. Nach der Prüfung hab ich den Meister bekommen. Dann hab ich mir meine eigene Werkstätte gemacht. Ich hab alles geändert: Ella Rosenstrauch ist dann gestanden.»

Für die Familie war die Meisterprüfung ein einschneidendes Ereignis, das allen Berichten zufolge um 1932 stattgefunden haben muß: Die Kinder waren im Volksschulalter, und die stellvertretend eingesetzte Damenschneiderin schrieb 1932 ihre Kündigung. Das schien lange der einzig sichere Anhaltspunkt. Aber dann mußte ich auch dieses «Wissen» revidieren: Aus den Büchern der Innung geht eindeutig hervor, daß sie die Meisterprüfung erst im Februar 1935 ablegte. So sehr kann man sich doch nicht täuschen? Vieles spricht dafür, daß ihre Erinnerung sie trügt, daß sie 1930 nicht für die Meisterprüfung, sondern für die Gesellenprüfung lernte. Das erklärt vielleicht auch ihren Ärger über die Ungerechtigkeit der österreichischen Bürokratie, der spürbar ist: denn die Gesellenprüfung hatte sie tatsächlich bereits in Tarnopol abgelegt! Auch das ist eine Erfahrung, die sie mit vielen Zuwanderern teilt, denen die beruflichen Qualifikationen an neuem Ort nicht anerkannt werden. Es sind nicht die Details, die mich beunruhigen, sondern die prinzipiellen Schwierigkeiten, die immer wieder auftauchen, die Widersprüche zwischen ihren Erinnerungen, ihren Erklärungen, ihren persönlichen Dokumenten und den Dokumenten der Behörden, die später auftauchten.

Eines ist aber sicher: Sie bekam ihre Meisterprüfung und ihre eigene Schneiderei. Der Übergang von der Heimschneiderei zum Schneidereigewerbe war also so verlaufen: Im Jahre 1922 hatte sie – mit 25 Jahren und zwei Kleinkindern – den «Gewerbeschein für die Blusen- und Schlafrockerzeugung» in ihrer Wohnung erworben.

1930 wurde der Heimbetrieb dann abgemeldet, und sie begann ihr sogenanntes Angestelltenverhältnis in der Nordbergstraße, das sie im September 1932 beendete. Im Dezember 1933 erwarb sie den «Gewerbeschein beschränkt für das Frauen- und Kinderkleidermachergewerbe mit Ausschluß der Anwendung von Lehrlingen», bestand 1935 die Meisterprüfung im «Damenkleidermachergewerbe mit Anwendung von Lehrlingen» und legte daraufhin ihren alten Schlafrockgewerbeschein zurück. Zwanzig Jahre waren seit der Ankunft in Wien vergangen, fünf Jahre seit der Übernahme des Geschäftslokales. So lange dauerte es, bis meine Großmutter auch im juridischen Sinn selbständige Kleidermacherin war.

Sie hatte damit ein Ziel erreicht: Sie hatte der verzweifelten Armut, die sie aus ihrer galizischen Kindheit kannte, ein Schnippchen geschlagen.

Ich hab dann mehr verdient wie er

«Das ist dann ein großes Geschäft gewesen. Ich bin ja zum Nähen gar nicht gekommen. Ich hab nur die Kunden empfangen und ausgesucht die Kleider und zugeschnitten und eingeteilt die Arbeit an alle. Dafür bin ich bis elf, zwölf Uhr in der Nacht gesessen und hab alles vorbereitet. Ich hab müssen für die ganzen Leute für in der Früh vorbereiten die Arbeit. Das hat alles müssen tipptopp sein, kein Irrtum. Nachher hab ich mir das arrangiert. Ich hab gehabt eine, die nur Schöße gemacht hat, eine die nur Blusen gemacht hat, eine die nur Ärmel gemacht hat. Ich hab mir das alles schön eingeteilt. Die Kunden waren sehr zufrieden!

Aber ich hab sehr viel gearbeitet, ich hab nie auf eine Uhr geschaut. Ich bin in der Früh gekommen, alle Mädels sind vor der Tür gestanden, hab ich müssen denen aufmachen. Ich hab gearbeitet sechzehn Stunden im Tag und sechs Tage in der Woche, ununterbrochen, Tag und Nacht, und dafür hab ich es weit gebracht. Wie ich angefangen hab, hab ich nur ein paar Mädeln gehabt, und zum Schluß, wie ich weggefahren bin von Wien, waren es schon zwanzig oder dreißig. Ich hab sehr viele Kunden gehabt. Wenn ich so denke, weißt du, ich hab sehr berühmte Kunden gehabt: Ich hab gehabt – es gibt einen russischen Geigenspieler, ich weiß nicht wie er heißt, er und sein Sohn? – Oistrach, Oistrach! Seine Frau ist mitgekommen nach Wien. Dem Agent vom Oistrach seine Frau war eine Kunde von mir. Hat sie sie zu mir gebracht, und ich hab ihr Kleider gemacht. Viele berühmte Leute, weißt du. Weil ich war nicht billig, ich war ziemlich teuer. Ich hab sehr elegante Kleider gemacht! Und die Leute haben wollen gut gearbeitete Sachen haben. Sind sie zu mir gekommen. Wenn ich auf die Uhr geschaut hätte, ah, es ist schon sechs Uhr, ich muß schon aufhören, dann wär das nicht gewesen. Meine Arbeit hat verlangt viel Devotion. Man hat müssen alles pünktlich und genau machen. Meine Angestellten haben es nicht gemacht, aber ich hab's gemacht. Ich war verantwortlich. Dafür bin ich jetzt, wann ich nichts zu tun hab, miserabel.

Aber ich bin jedes Jahr auf Kur gefahren. Das war, wie ich schon eine volle Werkstätte mit Mädels gehabt hab. Wir haben einmal im Jahr zugesperrt die Werkstätte. Die Mädels sind alle in Urlaub gegangen, bin ich auch gefahren. Wann ich wär dort gewesen, hätt ich müssen sitzen und nähen, so bin ich weggefahren. Ich bin drei bis vier Wochen nach Krynica gefahren, das hat mir gutgetan. Jeden Sommer in meinem Urlaub. Man hat Bäder genommen, hat sich ausgeruht, ist spazierengegangen. Bin ich gefahren nach Krynica nach Polen, aber erst bin ich zu meinen Eltern gefahren. Hab zugesperrt die Werkstätte im Sommer und bin nach Tarnopol gefahren. Hab ich mitgenommen Geld, und wenn jemand was gebraucht hat, der Vater a Beckische, a Mantel, oder die Kinder von der Schwester haben gebraucht irgendwas Dringendes, weil der Doktor hat gesagt, der Schwesters Tochter muß fahren auf Urlaub, weil sie is nicht gesund, hab ich das Geld zurückgelassen und bin zurückgefahren nach Wien ohne der Kur, weil ich nicht mehr Geld gehabt hab. Ich bin zurückgefahren und hab gesagt, ich war im Urlaub. Aber ich war unabhängig, ich war selbständig, ich konnte tun, was ich wollte. Ich hab nicht gebraucht fragen a Mann.

Er war sehr eifersüchtig, daß ich verdient hab. Solange er gearbeitet hat, hat er verdient; solange er verdient hat, war noch alles all right. Aber dann hat er nichts verdient, und ich hab mehr verdient wie er. Das hat ihn neidisch gemacht. Ich hab ihm müssen a Gehalt zahlen, aber wenn ich, Gott behüte, Freitag den Arbeiterinnen Gehalt gezahlt hab und hab nicht genug gehabt ihm zu zahlen, hat er mir den größten Krach gemacht. Hat mir abmontiert die Maschinen. Eine Frechheit! Den Mädels hab ich doch müssen zahlen, nicht wahr? Er hätte doch können warten bis Montag oder Dienstag; er hat doch gewußt, daß ich Geld in der Bank hab.

Samstag haben wir nur bis Mittag gearbeitet, bin ich noch am Markt gegangen, am Karmelitermarkt, hab eingekauft und bin nach Haus gegangen, hab gehabt a volle Tasche und hab geweint den ganzen Weg. Weil ich hab gewußt, ich wer nach Hause kommen, wird er anfangen mit mir, wer ich mich aufregen. Ich hab nicht wollen. Er hat mich gehaut, hat mir die Gabel nachgeschmissen und solche Sachen. Das war für mich sehr unangenehm, sehr unangenehm. Ich hab nicht zusehen können, daß ein Mann herumgeht und tut nichts. Schau, zum Beispiel, ich hab gehabt einen Verlobungsring von ihm. Auf einmal ist er gekommen und hat gesagt, er hat Aussichten, eine Vertretung zu bekommen von Zuckerln und Schokoladen, er braucht Geld. Er wird einkaufen die Ware und wird gehen in die Konditorei und wird verkaufen und wird verdienen. Ich blöde Gans hab ausgezogen den Ring und hab ihm gegeben. Und er is gegangen, hat verkauft den Ring, hat eingekauft Zuckerln und konnte nichts verkaufen. Er is jeden Tag Kaffee trinken gegangen in die Kaffeehäuser für das Geld, für das er die Zuckerln eingekauft hat. Er hat sich nicht bemüht. Wann man wollte, konnte man alles machen. Er hätte können alles machen, aber er hat nicht wollen.

Aber vorher, wie er noch gearbeitet hat, wie ich noch nicht die Prüfung gemacht hab, war dort im Geschäft schon die Bar Mitzwe vom Oskar. Am Schabbes nach dem dreizehnten Geburtstag hat man die Feier gemacht. Für die Bar Mitzwe mußte man lernen über Judentum und so. Da haben wir ihm einen Melamed genommen. Der ist gekommen zu ihm, mit ihm lernen, am Abend, nach der Schule, daß er ein bißl Jüdisch kann. Man hat sich sonst nicht viel darum gekümmert. Der Melamed ist ins Haus gekommen, die sind in der Küche gesessen und haben gelernt, aber nur kurze Zeit, weil der Oskar hat ihn gehaßt, er hat nicht wollen. Ich kann's ihm nicht verdenken. Man hat dich gezogen am Ohr, wenn du nicht hast richtig gesagt. Der Oskar hat sich beschwert, aber es hat nicht geholfen. So hat man's gemacht, das war die Sitte, und das war es. Mein Mann hat gesagt: ‹Spiel dich nicht herum, lern, wird man dich nicht am Ohr ziehen!›

Er hat ganz gut Hebräisch können zur Bar Mitzwe. Am Vormittag war man in der Synagoge, da mußte er vorlesen auf Hebräisch. Das war eine sehr kleine Synagoge, in der Bäuerlegasse, glaub ich, und am Schabbes-Abend war eine Feier im Geschäft. Das Geschäft war ein Kellerlokal, das war sehr geräumig. Bei der Bar Mitzwe war da ein Hufeisentisch – und viele Gäste, Freunde von uns und Geschäftsfreunde vom Jakob. Ein Orchester hat gespielt mit Violine, Harmonika und noch einem Instrument. Der Oskar hat eine Rede gehalten, und sein Freund hat ‹Meine jiddische Mamme› und noch so Lieder gesungen. Eine Woche vorher war eine Frau jeden Abend bei uns in der Karl-Meißl-Straße zu Hause und hat Torten gebacken, und die Frau Deutsch hat für alle den Fisch gekocht.

Um Gottes willen! Das ist etwas, nach was ich Sehnsucht hab! Nach gefüllten Karpfen. Man kriegt sie hier zu kaufen, aber es ist nicht dasselbe.

Die Frau Deutsch hat uns dann immer Fische gekocht, und sie ist manchmal gekommen und hat dem Mädel gesagt, wie sie kochen soll. Wir haben sonst nicht koscher gehalten, weil ich hab doch gearbeitet, und die christlichen Mädeln haben gekocht bei uns zu Hause. Aber die Feiertage haben wir doch gehalten. Die Frau Deutsch war eine sehr nette Person, und sie hat mir viel geholfen. Mit den Deutschs waren wir viel zusammen, weil wir haben doch Kinder im gleichen Alter gehabt, und die Kinder haben sich dann sehr gut verstanden. Der Vater hat sich auch mit meinem Mann gut verstanden. Er hat verkauft Schuhe, er war angestellt im Schuhgeschäft in der Stadt irgendwo. Die haben in der Karajangasse gewohnt, genau vis-à-vis von der Mädchenschule. Am Sonntag haben wir manchmal Ausflüge gemacht in den Wienerwald, oder wir sind in den Augarten gegangen; da war ein Restaurant, da waren Konzerte. Zwei Familien sind wir im Sommer in den Augarten gegangen mit einer großen Schüssel polnischer Schweinerei.»

Im Augarten, nicht weit von der Porzellanmanufaktur, gab es vor dem Krieg ein Wirtshaus, wo man sonntags einkehrte, sein Kracherl trank, sich ein Brezel kaufte oder das mitgebrachte Mittagessen verzehrte. Daran erinnern sich viele jüdische Familien, die in der Gegend um den Augarten aufwuchsen. Die «Schweinerei» läßt auch manchem Nachkommen das Wasser im Mund zusammenlaufen. Schweinerei gab's auch in meiner Kindheit, und jeden Sommer mach ich's selber noch. Früher dachte ich immer, das sei ein typisches Wiener Essen. Seit ich mich für das Leben meiner Großmutter interessiere, weiß ich, daß es eine ostgalizische Spezialität ist. Wer weiß sonst schon, wie eine polnische Schweinerei schmeckt? Sie besteht aus Topfen und saurer Milch mit jungen Zwiebeln, Rettichen, Gurken, in Scheiben geschnitten und gut gesalzen. Mmmmm! Ich habe keine Ahnung, woher der abscheuliche Name für diese Delikatesse kommt: Juden hielten keine Schweine, wohl aber die ruthenischen Bauern Ostgaliziens. Ob Rettiche sonst Schweinefutter waren? Oder die Mischung aus Topfen und saurer Milch Bauernkost? Gut schmeckt sie aber, diese Schweinerei! Der Name ist geblieben, auch wenn die Zutaten heute nicht mehr ganz die gleichen sind wie zu Großmutters Zeiten. Vielleicht ist überhaupt die Speisekarte noch der letzte Rest einer Kultur, die sonst verschwunden ist? Mein Leben und das meiner Kinder hat nichts mehr gemein mit dem meiner Großmutter und dem ihrer Eltern. Man hat sich an die neuen Orte und die neuen Zeiten angepaßt. Die Sprache ist weg, die Religion, die Armut und die Isolation. Die Rezepte aber sind geblieben.

Die Rezepte sind ein Bindeglied zu früheren Generationen, innerhalb der eigenen vier Wände weitergegeben, oft unbemerkt von anderen und unreflektiert von uns selbst. So war es für mich persönlich beinahe ein Schockerlebnis, als ich einmal zufällig feststellte, daß nicht jedermann Kind und Kegel mit Hühnersuppe heilt, wenn der Zahn murrt, die Nase läuft oder der Magen aufbegehrt. «Jewish Penicillin» – «Jüdisches Penizillin» nennen die Amerikaner so eine Hühnersuppe, denn sie wissen, daß sie als Allheilmittel von Einwanderern aus dem jüdischen Osteuropa eingeführt worden war. – Ich wußte es nicht.

Es waren Kämpfe in Zwischenbrücken

Der Duft der Minderheitenkultur bleibt noch lange in der Küche hängen, nachdem der Saft dieser Kultur schon verlorengegangen ist. Mein Vater, zum Beispiel, der älteste Sohn meiner Großmutter, liebt die Schweinerei, die Hühnersuppe, die gesulzten Karpfen und die gehackte Leber der galizischen Küche, obwohl er sonst nichts von Ostgalizien und Judentum weiß oder wissen will.

«Dein Papa hat nicht viel Gefühl gehabt für Judentum, ich weiß nicht warum. Er hat gesagt, er braucht es nicht. Er war mehr für Kommunismus. Zum Beispiel: koscher haben wir nicht gehalten, aber die Feiertage haben wir gehalten. Zum Feiertag ist man nicht in die Synagoge gegangen, weil die Synagogen waren nicht so fromm, zum Beispiel der Tempel in der Kluckygasse hat eine Orgel gehabt, aber in einem Bethaus, da soll nicht Musik sein. In unserer Gasse hat's zwei orthodoxe Rebben gegeben, da sind wir zu den großen Feiertagen hingegangen. Aber der Oskar ist nie mitgegangen. Wir haben auch zu Hause Seder gehalten, aber er hat nicht wollen sitzen beim Seder. Gleich nach seiner Bar Mitzwe hat er aufgehört damit. Mein Mann hat sich so geärgert mit ihm. Ich kann mich erinnern, einmal war ein Seder, und der Oskar ist nicht gekommen, man hat sich sehr aufgeregt, und sein Papa hat ihm eine Ohrfeige gegeben. Zum jüdischen Feiertag, da hat er ihn auf der Straße geschlagen, da war er noch nicht vierzehn!

Der Oskar hat's nicht leicht gehabt, er ist mit seinem Vater nicht ausgekommen. Er ist schon als Kind ganz sozialistisch geworden und war sowenig wie möglich zu Haus. Er wollte von mir kein Geld nehmen. Ich wollte ihm immer Geld geben, weil ich glaub nicht dran, a junger Bua soll herumgehen ohne Geld; da kommt er auf schlechte Gedanken und so. Ich bin immer dafür, die Kinder müssen Taschengeld haben, weil wenn sie nicht haben, sind sie verzweifelt und nehmen, was ihnen nicht gehört. Ich wollte ihm Taschengeld geben, und er wollte von mir gar nichts nehmen. Hab ich ihm in der Nacht in die Hosentasche Geld hereingesteckt, damit er's in der Früh findet. Hat er gesagt: ‹Ich will es nicht! Ich bin schon so groß und soll noch Geld von dir nehmen?!› Nachher hat er sich einen Posten verschafft beim Bäcker. Mit dem Radl, mit einem Korb am Rücken ist er gegangen austragen die Semmeln um sechs Uhr in der Früh, damit er sich was verdient.

Mein Mann war auch Sozialdemokrat, aber damals waren alle Sozialdemokraten. In irgendeinem Verein war er, irgendein jüdischer sozialistischer Verein. Nein, kein zionistischer, bei uns zu Hause hat es überhaupt keine zionistischen Beziehungen gegeben. Zionismus hat überhaupt keine Rolle gespielt, das war fremd für unsere Familie. Die Franzi ist dann später in so eine Gruppe hineingekommen, aber er, der Vater, war bestimmt kein Zionist. Aber wo er war, das weiß ich nicht, ich hab mich um das nicht gekümmert. Die waren ganz verschieden, mein Mann und er. Ich glaub, er war immer mehr kommunistisch veranlagt, und mein Mann war eher sozialistisch. Nicht, daß sie über Politik gesprochen haben, aber es war so eine Stimmung. Sie waren verschieden, weil – schau, zum Beispiel, wie sie Wien besetzt haben, wie sie geändert haben die Situation, und es waren Kämpfe in Zwischenbrücken. Er wollte gehen und sich schlagen. Der Papa hat ihn nicht lassen gehen, hat ihn angebunden an dem Sofa und ihn eingesperrt. Er war nicht so stark, aber er hat ihn gestoßen, er soll umfallen am Sofa, damit er verwirrt wird, hat ihn angebunden und hat ihn nicht lassen gehen. Das war gut, weil es waren Raufereien und alles in Zwischenbrücken. Es war murder! Er hat ihn nicht lassen gehen, und der Oskar hat ihm das können nie verzeihen.»

Was meine Großmutter die Besetzung Wiens nennt, war der Bürgerkrieg des Februar 1934. Am Montag, dem 12. Februar, standen die

Straßenbahnen still, der Generalstreik wurde zu Mittag ausgerufen, nachmittags setzte die Polizei schwere Waffen ein. Die Kämpfe, die sich vor allem in den Wiener Gemeindebauten abspielten, endeten drei Tage später mit der totalen Niederschlagung der sich verteidigenden Arbeiter.

Mein Vater, schon ab 1933 Mitglied sozialistischer Vereine, wollte sich nach der Schule – wie vereinbart – zum Einsatz melden, wurde aber von seinem arbeitslosen Vater daran gehindert. An die Geschichte mit dem Sofa erinnert er sich nicht, seine Mutter sei gar nicht zu Hause gewesen. Es sei tatsächlich zu einer Schlägerei zwischen ihm und seinem Vater im Vorzimmer der elterlichen Wohnung gekommen, der Vater sei aber geschlagen am Boden liegen geblieben, er selbst hätte die Türe zugeschlagen und sich bis zum Ende der Kämpfe versteckt in Bereitschaft gehalten. Erst dann sei er wieder heimgekehrt, ohne den persönlichen Kontakt mit seinem Vater wieder aufzunehmen. Fünfzehn Jahre war der Sohn, aufrührerisch und ungehorsam. Entsetzt, besorgt und hilflos waren die Eltern:

«Ein halbes Jahr später haben sie ihn verhaftet. Er hat, glaub ich, als Kommunist Steine geworfen in die Fenster. Ich weiß nicht, was er gemacht hat, vielleicht hat er auch Flugzettel ausgeteilt, ich weiß nur, man hat ihn verhaftet. Es war eine Hausuntersuchung bei mir, bei uns, die Edith war noch klein, hat sie dem Polizisten gesagt: ‹Da haben Sie noch nicht gesucht!› Er hat überall gesucht, sagt sie: ‹Sie haben noch da nicht gesucht.› Wir haben das alles auf dem Dachboden versteckt, und sie hat wollen, man soll noch suchen! Mit zehn Jahren müßte sie schon mehr Verstand haben! Ich weiß nur, daß man ihn eingesperrt hat und daß er hat müssen aus dem Gymnasium austreten. Hat man ihn herausgeschmissen in der siebenten Klasse, hat er müssen in a anderem Gymnasium im siebzehnten Bezirk weitermachen. Dort hat er die Matura gemacht. Das war eine furchtbare Enttäuschung für seinen Papa! Stell Dir vor, sein Papa hat ihn müssen besuchen gehen im Gefängnis!»

Mit der österreichischen Geschichte der Zwischenkriegszeit und mit der Teilnahme meines Vaters am illegalen Widerstand beginnt eine

Zeit, die mir geläufig ist: Von der Verhaftung meines Vaters und dem Rausschmiß aus der Mittelschule habe ich schon in meiner Kindheit erzählen gehört. Nach den Februarkämpfen 1934 wurden die Sozialdemokratische Partei Österreichs und ihre Organisationen verboten, das Parlament wurde aufgelöst, es kam zu Massenverhaftungen von Sozialisten und zu nationalsozialistischen Terroranschlägen, die dann im Juli 1934 in einem nationalsozialistischen Putschversuch und der Ermordung des Bundeskanzlers kulminierten. In den folgenden vier Jahren entwickelte Österreich seine eigene autoritäre, austrofaschistische Regierungsform, in der die Ideen und Organisationen der katholischen Kirche das entscheidende Element waren, während alle anderen Ideologien und politischen Organisationen in den Untergrund gezwungen wurden. In der Illegalität trat die sozialistische Gruppe meines Vaters zum kommunistischen Jugendverband über. Um gegen den zunehmenden Faschismus Präsenz zu zeigen, schnitt man unter anderem Hammer und Sichel aus Kartoffeln, druckte Flugblätter und verteilte sie in Blitzaktionen. Anfang November 1934 war mein Vater gemeinsam mit einem Freund an so einer Aktion auf der Praterstraße beteiligt. Die beiden wurden visitiert, Hausdurchsuchungen wurden durchgeführt, und obwohl seine Mutter versuchte, verdächtiges Material zu verstecken, wurde er in der Männerabteilung der «Liesl», der Roßauer Kaserne, inhaftiert. Der Besuch seines Vaters im Gefängnis ist ihm entfallen, aber seine Mutter sei zweimal pro Woche mit Essen in einer Schuhschachtel zu den festgesetzten Besuchszeiten aufgetaucht.

Der Kontakt zu seinem Vater hatte zu diesem Zeitpunkt schon den Tiefpunkt erreicht. Für viele österreichische Familien wurde der Februar 1934 zum Wendepunkt, an dem man Stellung beziehen mußte: für den Faschismus oder die Demokratie, aber auch auf jeder Seite für die Legalität oder die Illegalität. Mein sozialistischer Vater wählte die Illegalität. Man legte sich Decknamen zu und traf sich heimlich in den Wohnungen, wenn die Mütter arbeiten waren. Mit den Gewehrteilen im Geigenkasten kam der Instrukteur auch in die Karl-Meißl-Straße: am Küchentisch lernte man, Gewehre zu montieren.

«Sowas, davon weiß ich nichts. Von deinem Vater und seinen Linken kann ich dir nichts erzählen, das waren schon seine Erlebnisse. Das sind alles Geheimnisse, die man von den Eltern ferngehalten hat. Wir waren sehr dagegen, daß er kommunistisch eingestellt war. Sein Vater und ich – wir waren sehr dagegen. Wir konnten nichts machen. Er ist ausgezogen von uns und hat sich eine Wohnung genommen in der Porzellangasse. Wir haben ja nur eine sehr kleine Wohnung gehabt, ein Zimmer und ein Kabinett, und er hat mit uns im Schlafzimmer geschlafen, so auf dem Diwan. Das hat ihm nicht gepaßt. Er hat sich jedenfalls ein Zimmer gemietet bei der Strudlhofstiege.

Die Franzi ist dem Vater auch davongelaufen, das war ungefähr gleichzeitig. Er hat ihr eine Ohrfeige runtergehaut, und das hat sie ihm nie verziehen. Sie ist zu einer Freundin gegangen, und wir haben nicht gewußt, wo sie ist. Sagt sie, sie kommt nicht mehr nach Hause, sie will den Vater nicht mehr sehen. Das hat ihn sehr hergenommen. Er hat sie sehr gerne gehabt. Was sie wollte, hat er ihr gegeben. Ist er hingegangen, hat sich entschuldigt und hat sie nach Haus gebracht. Die Franzi ist damals auch ins Gymnasium gegangen. Sie wollte Matura machen und studieren. Sie ist hoch geflogen, sie hat alles wollen! Sie hat die Hälfte vom Realgymnasium gemacht, aber nicht die andere Hälfte. Sie hat müssen aufhören, weil sie war sehr anspruchsvoll. Sie hat viele Verehrer gehabt, sie wollte die schönsten Kleider. Da hab ich sie mir einmal hergenommen und hab ihr so gesagt: ‹Du kannst nur alles haben, wenn du arbeitest und verdienst. Ich kann mir das nicht leisten. Das beste ist, du lernst die Schneiderei und arbeitest und verdienst.› Da ist sie gegangen in eine spezielle Nähschule, und dort hat sie privat gelernt, Stickerei und Nähen und Säumchen und Handarbeiten und alles mögliche, hat Prüfungen gemacht, und nachher hat sie angefangen bei mir zu arbeiten.

Manches Mal hab ich sie mitgenommen zur Modeschau, weil sie hat gerne schöne Modellkleider gehabt. Ich bin immer gegangen, aber oft sind wir zusammen gegangen. Ich bin zu allen Modeschauen gegangen, das war sehr wichtig für mich. Das war immer vor der Saison, im Frühjahr und im Herbst. Da hat man eine Verständigung gekriegt von den Leuten, die das organisiert haben. In der Stadt war das irgendwo, in einem Hotel. Dann sind wir gesessen, die Modelle sind vorbeigegangen, und ich hab mir notiert, welche ich kaufen werde. Bei den Modeschauen hat man die guten Schneiderinnen von Wien kennengelernt. Die anderen waren meistens aus der Stadt, und ich war ja aus dem neunten Bezirk. Aber sogar die Polinnen sind zu den französischen Modeschauen aus Warschau nach Wien gekommen.»

Der Beruf hat mein Leben gerettet

«Die Modeschau war für mich das Wichtigste! Da waren Modelle von Paris. Das war von den Journalen aus arrangiert, und die Modelle von die Kleider, was abphotographiert sind in den Journalen, wurden vorgeführt. Und von den Modellen, was man vorgeführt hat, hat man Papierschnitte gekriegt. Wenn das Kleid schön war, hab ich gekauft so einen Papierschnitt, und andere Schneiderinnen, die dort waren, die haben Schnitte von anderen Kleidern gekauft, und dann haben wir immer getauscht. Die Schnitte waren ziemlich teuer, weißt du, und wenn man das ausgetauscht hat, hat man können haben drei, vier Schnitte und sonst hätte man nur einen gehabt. Bei der Modeschau hat man das besprochen. Ich hab gesagt, ich kauf mir den Schnitt von dem Kleid und ich kauf einen Schnitt von diesem und sie hat wieder andere Schnitte gekauft. Und nach der Modenschau dann hat man sich immer telephonisch verständigt und sich die Schnitte voneinander ausgeborgt. Ein Lehrmädel hat's geholt, und man hat's dann wieder zurückgeschickt. Eine Woche hat man Zeit gehabt, oder zwei.

Mein Mann hat dann immer abkopiert die Schnitte auf Papieren, so daß wir von allen Modellen, die man vorgeführt hat, einen Schnitt gehabt haben. Da war viel zu tun nach jeder Modeschau. Die ganze Familie hat mitgemacht, und ich hab dann immer die Schnitte verwendet. Ich glaub, die Franzi und der Oskar haben auch geholfen, jedenfalls früher sind sie zu Hause beim Küchentisch gesessen, haben die Texte abgeschrieben und die Modelle mit Wasserfarben angemalt. Aber wie der Jakob dann bei mir gearbeitet hat, hat er kopiert. Im Büro in meiner Werkstätte war ein großer Tisch, und da sind wir gesessen. Der Jakob hat den Schnitt aufgelegt auf so große Bögen Papier, hat den Schnitt abgepaust, hat geradelt und ausgeschnitten. Da waren viele Teile in so einem Schnitt: der Vorderteil und der Rückenteil, die Ärmel und alles. Im Journal konnte man sehen, was was ist. Die Journale hat man gekauft bei der Modenschau, und wie es im Journal war, hat man es gemacht.

Das waren französische Journale in Farben mit sehr schönen Kleidern und Kostümen. Die Journale sind bei mir im Warteraum gelegen. Wenn man die Stufen runtergekommen ist, war da ein Vorraum mit Sitzgelegenheiten und mit Journalen, wo die Kunden gewartet haben und sich ausgesucht haben im Journal ein Kleid. Und ich hab von allen Modellen einen Papierschnitt gehabt, und nach diesem Papierschnitt hab ich gemacht ein Modell in Mollino. Ich weiß nicht, ob du weißt, was das ist? Das ist so ein weißes Material, und bevor man zugeschnitten hat das Kleid aus Stoff, hat man der Kunde das Modell aus Mollino probiert. Nach der Probe von dem Mollino hat die Franzi das genommen und hat das hergerichtet. Sie hat bezeichnet alles, jedes Stückerl, wie die Abnäher sein sollen, wie die Falterln. Die Abänderungen von dem Mollino hat die Franzi gemacht, das war ihre Spezialität, das hat man müssen sehr genau machen und genau bezeichnen. Die Franzi war eine Spezialistin in dem.

Dann hat man's auseinandergenommen und alle Teile im Stoff genau noch einmal gemacht. Das hab ich gemacht. Ich hab dann zugeschnitten. Das war nicht so einfach, man muß eingearbeitet sein, das durfte niemand anderer machen. Erst dann hab ich gegeben den Arbeiterinnen zum Machen. Eine hat gemacht Ärmel, eine hat gemacht, weiß ich, Knopflöcher, jeder hat gehabt seine Arbeit. Das war nicht so, daß ich die Kleider mit eigenen Stoffen gemacht hab. Die Kunden haben mir Stoff gebracht, und ich hab die Kleider gemacht. Das war meistens reine Seide. Nähseide, Zubehör hab ich natürlich gekauft. Hat man zum Beispiel gebraucht eine Borte, ein Spitzerl, und das hab ich gekauft. Ja, das war eine ganz schöne Kunstarbeit, wenn man das so macht, dazu muß man talentiert sein. Ich hab mir nie eingebildet, daß ich gut bin in der Schneiderei. Für mich war die Schneiderei eine sehr gute Sache. Ich meine, ich hab keine Bildung besessen, ich hab keine Schulen besucht, ich hab sonst nichts machen können.

Ich hab Glück gehabt, weil die Schneiderei ist eine Arbeit, die ich gerne habe. Ich hätte nie können mich binden an eine Arbeit, die ich nicht gerne mache. Einmal habe ich getroffen bei einer Modeschau eine Schneiderin, die in der Stadt eine Schneiderei gehabt hat, und ich war doch in der Nordbergstraße, sagt sie mir: ‹Ich kann das nicht verstehen, warum Sie soviel Kunden haben. Ich bin in der Stadt und so schön eingerichtet, und ich hab nicht soviel Kunden wie Sie.› Sagt sie: ‹Das muß irgend so ein Geheimnis sein.› Da ist mir das erst zum Bewußtsein gekommen! Ich hab immer geglaubt, jeder kann das. Fremde Leute haben mich erst darauf aufmerksam gemacht. Einmal ist zum Beispiel mein Mann im Büro gesessen, wie eine Kunde weggegangen ist. Da hat sie aufgemacht die Tür und hat gesagt: ‹Sie wissen gar nicht, was für a gescheite Frau sie haben!› Verstehst du, die Kunden haben mich erst aufmerksam gemacht.

Oder zu Hochzeiten, zum Beispiel: Wenn eine Hochzeit war, hat man gemacht das Brautkleid, das Kleid für die Mutter und für die Bridesmaids und vom Bräutigam die Mutter, für die ganze Familie manchmal, eine ganze Ausstattung mit Kleidern. Und die Gäste, die was bei der Hochzeit waren, haben gefragt: ‹Von wem sind die schönen Kleider?› Und dann sind sie auch zu mir gekommen, wenn sie Kleider gebraucht haben. Und so ist das Geschäft gegangen, einer hat den andern rekommandiert.

Es war dann ein sehr schönes Geschäft mit viele Mädels. Ich hab auch Lehrmädeln gehabt, eine, die schon fast fertig war, und eine, die gerade begonnen hat. Die Tochter von der Frau Deutsch hat auch bei mir gelernt, und vom Franz-Josefs-Bahnhof vom Direktor die Tochter. In den letzten Jahren bin ich doch jedes Jahr nach Krynica gefahren auf Urlaub. Wir sind dann sogar Wohnungen in verschiedenen Bezirken anschauen gegangen. Und in drei Banken habe ich Geld gehabt. Ich hab ganz schön viel Erfolg gehabt.

Da war das Geschäft wunderbar. Sehr viele gute Kunden hab ich gehabt. Der Beruf war mein Lebensretter! Unerhört! Ich hab dadurch Freunde gehabt. Ich war ja niemand, und durch den Beruf hat man mich geschätzt. Ich weiß nicht wieso, aber ich dürfte gut gewesen sein. Wo ich war, hat mir der Beruf geholfen: Die Salke hätte mich nicht mitgenommen in die Häuser in Tarnopol, und wie ich nach Wien gekommen bin, wenn ich nicht hätte können nähen, hätte ich nicht bei dem Rabbiner reinkommen können. Schließlich und endlich hab ich nicht gehabt, wo zu wohnen. Dort hab ich gehabt zu wohnen, und ich hab gekriegt Geld. Mein Beruf hat dann mein Leben gerettet und das meiner Kinder. Ich wäre sonst nie aus Wien herausgekommen. Eine Kunde hat die Edith herausgebracht, die Franzi und mich. Und eine andere Kunde hat mir geholfen, den Oskar herauszubringen.

Da war noch eine andere Kunde von mir, die mir geholfen hat. Sie war Schauspielerin. Sie hat ein Auto gehabt. Heute braucht jeder ein Auto, aber damals hat niemand ein Auto gehabt, ein paar Kunden, aber ganz wenige, nur die reichen. Die Schauspielerin war die Freundin von einem Minister. Sie hat ihn von mir aus von der Werkstätte immer angerufen: Den Herrn Minister will sie sprechen. Du wirst lachen, sie hat uns auch einmal Karten für die Oper gegeben. Wie man angefangen hat, uns Sachen wegzunehmen, hat sie gesagt: ‹Nehmen Sie Ihre Sachen zu meiner Wohnung, dort wird man sie nicht finden.› Dann ist sie zu mir gekommen in die Werkstätte mit dem Auto und hat mich und meine Freundin – die Frau Deutsch – mitgenommen zu ihrer Wohnung. Wir haben einen Pelzmantel gehabt, und den haben wir dorthin gebracht. Sie hat außer der Stadt gewohnt.

Sind wir durch die Straßen gefahren; sind die jüdischen Frauen dort auf der Straße gestanden – man hat genommen Frauen zur Arbeit in Wien damals, wie die Nazis gekommen sind –, sind am Fußboden gekrochen und haben gerieben die Straßen. Nur um sie zu demoralisieren, haben sie die Frauen geholt. Wir sind vorbeigefahren, sagt sie, die Schauspielerin: ‹Schrecklich ist das!› So hab ich gewußt, sie ist nicht auf ihrer Seite. Ich hab den Pelz bei ihr gelassen, und später, wie ich weggefahren bin, hab ich sie angerufen, und sie hat ihn mir zurückgebracht. Das war nett von ihr, so was zu tun. Ich hab ja Glück gehabt, ich bin nicht ins Konzentrationslager gekommen. Später dann, in England, hab ich Kunden gehabt, die haben auf der Hand die Nummer gehabt. Wenn sie Kleider probiert haben, hat man gesehen die Nummer vom Konzentrationslager. Aber ich hab mich durchgeschlagen. Aber alles nur wegen meiner Arbeit. Sonst nichts.»

Das war 1938. Am 11. März hatten die Nationalsozialisten die Macht ergriffen, am 12. März marschierte die Achte Deutsche Armee in Österreich ein, am 13. März wurde Österreich formell an das Deutsche Reich angeschlossen. Die Nationalsozialisten waren trotz bedeutender Anhängerschaft fünf Jahre lang verboten gewesen. Jetzt kam der Umschwung: Gleich in den ersten Stunden und Tagen der deutschen Ostmark wurden Juden aus ihren Betten gezerrt, ihre Wohnungen geplündert und zerstört. Die New York Times schrieb: «Innerhalb von 14 Tagen ist es gelungen, die Juden einem unendlich härteren Regime zu unterwerfen, als es in Deutschland in einem Jahr erreicht wurde.» In einem Gefühl der Euphorie und unter großem Gejohle der Bevölkerung fing man Juden auf den Straßen zusammen oder holte sie aus ihren Wohnungen und Geschäften und zwang sie zum erniedrigenden Straßenreiben mit ätzenden Laugen. Der englische Journalist G.E.R. Gedye nannte es den «Lieblingssport des Nazimobs». Ihn entsetzte damals die resignierte Sachlichkeit, mit der die Juden Wiens diese Ereignisse als unvermeidlich hinnahmen. Auch fünfzig Jahre danach überrascht es mich persönlich, daß die Iden des März 1938 – trotz aller äußeren Veränderungen – bei meiner Großmutter so wenige sichtbare emotionale Spuren hinterlassen haben. «Ich hab das Geschäft gehabt, die Werkstätte, die Arbeiterinnen, ich hab keine Schwierigkeiten gehabt», charakterisiert sie diese Zeit. Dabei verschwand der Sohn noch am Tage des Einmarsches von der Oberfläche und traf sie nur mehr an geheimen Orten. Auch die Tochter war betroffen: Der Stadtschulrat beschloß, ihre Schule für jüdische Mädchen zu sperren. Sie war auch selbst betroffen:

«Einmal is man gekommen nehmen Menschen zum Reiben die Straßen. Da wollten sie mich auch holen. Aber die Arbeiterinnen haben gesagt, sie werden nicht arbeiten können ohne mich. Wie die Nazis gekommen sind, hab ich nur gehabt ein jüdisches Lehrmädel: Eine Jüdin hab ich gehabt, eine Tschechin, alles andere waren Wienerinnen. Es waren Mädels, die bei mir gelernt haben, jahrelang, die lange Zeit bei mir waren. Ich weiß nicht, was sie hinter meinem Rücken gesagt haben, ich weiß nur, daß die eine, die bei mir gelernt hat, die war die Tochter vom Direktor vom Franz-Josefs-Bahnhof, mir zugeflüstert hat, ich soll wegfahren, weil die Mädels haben Absichten, das wegzunehmen. Es war sehr bitter.

Ich hab ja Arbeit gehabt von Leuten, da war Stoff und Seide und alles Material. Ich weiß nur, daß die Mädels, die ganzen – die haben gehabt Boyfriends, wahrscheinlich waren sie Nazis –, und die haben schon Pläne gemacht, wenn man mich holen wird, werden sie das alles nehmen. Sie wollten sogar zur mir in die Wohnung gehen.

Aber wie man dann gekommen ist, mich untersuchen – von den Nazis sind sie gekommen – und haben gefragt, wer das Geschäft übernehmen möchte, damit sie mich nehmen können, da haben sie alle gesagt, wir können ohne ihr nicht arbeiten, es sind lauter jüdische Kunden, wenn sie nicht da ist, kommt niemand, und dann sind wir alle arbeitslos. Die Nazis haben eine große Angst gehabt, daß es Arbeitslosigkeit gibt, und da haben sie mich gelassen. Das war so: Einmal ist ein SS-Mann in die Werkstätte gekommen – das war gleich wie der Hitler da war –, der hat gefragt: ‹Sind Sie Jüdin?› Hab ich gesagt: ‹Ja, ich bin jüdisch, ich verweigere das nicht, und ich bin stolz drauf!› – ‹Und der dort drüben, ist der auch ein Jud?› Und er hat dort hingezeigt, wo mein Mann gesessen ist, der hat ja die Büroarbeit gemacht. ‹Ja›, hab ich gesagt. ‹Sie sind doch nicht verheiratet mit dem Juden?› Zu mir hat er das gesagt.

Mein Mann ist im Büro gesessen, und mich haben sie gefragt: ‹Ist das Ihr Mann?› Sag ich: ‹Ja.› Dann sagt er zu die Mädels: ‹Wer kann das Geschäft übernehmen?› Und alle haben gesagt: ‹Wir können das nicht. Alle Kunden kommen nur zur Frau Rosenstrauch. Wenn sie nicht da ist, wird niemand kommen.› Es war wirklich so, weißt du. Da hat er gesehen, er kann nichts machen und is weggegangen. Und da hab ich dableiben dürfen, nur hat er draußen auf die Tür geschrieben ‹Jude› oder ‹Juden›.

Ja, natürlich sind da noch Kunden gekommen. Die Leute haben Kleider gebraucht zum Wegfahren. Alle Kunden sind gekommen sich Kleider machen lassen, weil Geld konnten sie sich nicht mitnehmen, haben sie sich Kleider gemacht. Sie sind in der Früh gekommen und haben die Ware gebracht. Ich mußte sie annehmen, sonst hätte man mich angezeigt. Dann haben wir es genäht, und am Abend hat mein Mann die Kleider zurückgebracht. Das war schon kurz vor dem Schluß. Es hat nicht lang gedauert. Eine Kunde hab ich gehabt, ihr Mann ist mit ihr mitgekommen. Er war ein Rechtsanwalt. Sagt er: ‹Ich beneide Sie, Sie können überall Ihren Beruf ausüben, sogar im Konzentrationslager können Sie die Schneiderei führen, überall können Sie arbeiten, aber was kann ich machen?›

Ich war ja noch sechs Monate mit dem Hitler. Dann hab ich weg müssen. Wie ich gesehen hab, man verfolgt mich, hab ich gar nicht mehr gewartet. Sieben Tage später bin ich gefahren. Die Mädels haben es nicht einmal gewußt, niemand hat es gewußt. Ich hab nicht einmal alles fertiggenäht für die Kunden, ich war so nervös. Ich hab das Geschäft nicht zugesperrt, ich hab niemand was gesagt. Ich hab einfach alles liegen und stehen gelassen und bin weggefahren. Ich hab nur eine Schere genommen und die Tasche und bin gegangen.»

Von Österreich nach England

Und wie alle versorgt waren, bin ich weg

«Wie ich weggekommen bin? Das war auch eine Kunde von mir: Die Spielman hat mich rübergenommen. Ich wär nie weggekommen, wenn ich nicht diese Frau getroffen hätte. Woher hab ich die gekannt? Die hab ich kennengelernt, weil sie hat eine Tochter gehabt, die hat studiert in Wien an der Universität, und eine Kundin hat sie mitgenommen. Sie war ein englisches Mädel und war schrecklich angezogen. Sie hat fürchterlich ausgeschaut. Draußen sind gesessen Frauen, haben gewartet, dranzukommen. Ich hab das Mädel reingenommen – ich hab gehabt so abgetrennt mit einem Vorhang, wo man probiert hat –, hab den Vorhang zugeschoben und hab ihr gemacht neue Kleider. Is sie herausgekommen, haben sie sie nicht erkannt. Haben sie gesagt: ‹Was für ein Unterschied, ganz ein anderer Mensch.› Die Mutter mit dem Vater mit dem Chauffeur mit dem Auto sind gekommen von England nach Wien, sie besuchen, das waren sehr reiche Leute, haben sie sie kaum erkannt. Die waren begeistert, und das hat sich die Frau gemerkt.

Sie is nach Hause gefahren und hat mir dann geschrieben, ob ich nach England kommen will und für sie arbeiten. Hab ich geschrieben: ‹Ja, ich will, aber ich hab drei Kinder und einen Mann, ich kann nicht.› So hat sie gesagt, den Kindern wird sie verschaffen Plätze und meinen Mann wird sie herüberbringen, wenn ich komme. Sofort hat sie die Franzi ais Kindermädchen in Cardiff versorgt. Die Franzi hat schon im April aufgehört zu arbeiten und ist als die erste gefahren. Sie hat eine Maschine mitgenommen und eine große Kiste, einen Koffer. Da hab ich eingepackt Tuchenten und Wäsche und alles mögliche. Sie hat viel mitgenommen, sie ist noch zeitlich gefahren.

Der Oskar ist im April in die Tschechoslowakei. Er mußte weg, man ist ihn suchen gekommen. ‹Wo ist Ihr Sohn?› haben sie gefragt. Ich hab gesagt: ‹Ich weiß es nicht. Er hat mit der Schule einen Ausflug gemacht, ich weiß nicht, wo er ist.› Ich hab dir doch erzählt, wie er in die Tschechoslowakei is? Eine Kunde von mir war die Frau vom tschechischen Konsulat, ich hab ihr Kleider gemacht. Sie hat gesagt, ich soll hingehen, und ihr Mann wird mir sagen, wo er illegal weg kann. Und ich bin hingegangen. Am Konsulat standen Leute angestellt, da war eine lange Schlange vor der tschechischen Botschaft, aber die Frau von dem Konsulat hat mir eine Karte mitgegeben. Ich hab es vorgezeigt dem Mann, der gestanden ist bei der Tür, und der hat mich gleich hineingelassen. Der Konsul hat mir erklärt, hier kann er ihm nicht helfen, aber dort wird man ihn gleich empfangen und wird ihn nicht zurückschicken. – Weil sonst schikken sie die Leute zurück nach Österreich, wenn sie illegal gehen. Hättest sollen sehen, wie nett der Mann war! Er hat sich am Boden gelegt mit einer Landkarte und hat mir gezeigt, genau wie er über die Grenze gehen soll bei einem bestimmten Platz. Und er hat mir einen Brief mitgegeben für den Oskar, für die Leute auf der anderen Seite von der Grenze, daß man ihn hineinlassen soll. Ich weiß nicht, was da gestanden ist, er hat mir alles aufgeschrieben.

Ich hab den Oskar getroffen und hab ihm das gegeben. Er war doch versteckt mit andere Leute, er war nicht in Wien. Ich weiß nicht, wo die waren versteckt, irgendwo, in an Außenbezirk, das war weit draußen, es war a Spital dort. Ich hab ihn a paarmal heimlich getroffen und ihm Sandwiches gebracht. Er hat gesagt, man muß mehr bringen, weil sie waren mehrere. Da war a Mädel und noch zwei Burschen. Frag ihn, er wird dir alles erzählen. Er hat gesagt, allein geht er nicht. Wenn er die Bewilligung hat, müssen die andern auch gehen. ‹Die andern müssen auch weg!› hat er gesagt. Da bin ich wirklich noch einmal gegangen zur Botschaft, und er hat's mir wirklich gegeben. So hab ich ihm auch eine Bestätigung verschafft für die andern Leute, mit denen er versteckt war. Alle sind sie zusammen rüber.

Und ich hab für ihn gekauft a Ring und a Uhrkette. Geld konnte ich ihm nicht mitgeben, da hab ich ihm das mitgegeben, damit er das verkaufen kann und Geld hat. Das hat er mitgenommen. Den Ring hat er verkauft, das andere hat er mir zurückgebracht. Ich habe es ihm dann wieder zurückgegeben als Andenken. Aber auf jeden Fall hab ich ihm geholfen, wo ich nur können hab. Und wie alle versorgt waren, bin ich auch weggefahren. Ich bin im Oktober weg, weil im November hab ich schon angefangen zu arbeiten in England. Ich bin schon gefahren geheimnisvoll, hab ich nicht viel nehmen können, zumindest nicht mit einem Spediteur. Mit der Maschine hat man müssen haben einen Spediteur, der das befördert hat. Ich hab nichts mehr nehmen können.

Inzwischen hab ich schon alles vorbereitet. Ich hab müssen Bestätigungen haben von der Steuer und so. Das hat der Jakob erledigt. Ich hab gebraucht einen Geburtsschein von Polen, damit ich nach England fahren kann. Den haben mir meine Eltern besorgt. Und ich hab müssen eine Einreise haben. Die hat mir die Spielman geschickt. Und der Edith hat sie einen Platz in einer Boarding School verschafft. Ich hab ein Visum gekriegt. Wie ich gegangen bin fahren das Visum nehmen, haben sie mir gegeben, und der Edith haben sie gesagt, sie muß haben eine Bestätigung, wo sie die Ferien verbringen wird. Hab ich gesagt: ‹Sie fährt mit mir, ich bin die Mutter.› – ‹Nein, sie muß das haben›, haben sie darauf bestanden. Die Engländer haben sie nicht reingelassen! Sie ist in eine Schule gefahren, und Schulen haben Ferien, da haben sie Angst gehabt, sie wird nicht haben, wo zu wohnen in die Ferien. Sie hat schon gehabt alle Dokumente, nur sie hat eine bestimmte Bestätigung nicht gehabt!

In einem schrecklichen Zustand war ich, mein Gott! Ich mußte weg, weil meine Dokumente sind schon ungültig geworden. Die Franzi war weg, der Oskar war weg, sie war ganz allein. Mein Mann, der war in Wien, aber der war nicht mit ihr in Kontakt. Er hat sich nur heimlich mit ihr getroffen einmal. Sie war nur vierzehn Jahre alt! Ich bin weggefahren, und die Edith ist hingefahren zu Leute, die sie versteckt haben. Es war eine Freundin von ihr, eine Schulkollegin, und die haben im sechzehnten Bezirk gewohnt. Ich weiß nur, sie hat sich angezogen als alte Frau, ein Tuch am Kopf und ein langes Kleid, damit die Mädels von der Werkstätte sie nicht erkennen sollen. Wir haben ihr gleich aus England das Dokument geschickt, und der Bromberger ist mit ihr gegangen zum Konsulat das Dokument holen. Er hat sie dann zum Bahnhof gebracht, und sie ist ganz allein nach England gefahren. Stell dir vor, mit was für a Herzen ich bin weggefahren!

Wie ich nach England gekommen bin? Ich bin zum Bahnhof gegangen und hab a Karte gekauft. Der Jakob hat mich zum Bahnhof gebracht, glaub ich. Ich bin mit dem Zug gefahren und mit dem Schiff. Da war ich, und es waren noch zwei Frauen: Eine Nachbarin von mir in Wien, einer Greißlerin von der Karl-Meißl-Straße ihre Tochter is mitgefahren. Und da waren noch welche. Drei oder vier Frauen sind wir gewesen. Und eine von den drei hat einen Ring gehabt, hat sie mir gesagt, ich soll sagen der andern, sie soll anziehen den Ring, sie hat Angst gehabt, weil sie hat schon einen gehabt. Es war schrecklich! Am Weg hab ich bekommen a Brief von meiner Schwester. Das heißt, ich hab ihn gekriegt in Wien und hab ihn mitgenommen, und gelesen hab ich ihn im Zug. Sie hat jiddisch geschrieben, daß mein Vater gestorben ist. Er ist ganz normal gestorben, er war krank, glaub ich. Ich weiß nur, im Zug nach Darlington hab ich das erfahren.

Is a Mann mit uns gefahren am Schiff, a Engländer. Er hat uns ins Kaffeehaus eingeladen – am Schiff war ein Kaffeehaus – und hat uns Kaffee gekauft und Bäckereien und alles. Das war sehr nett von ihm. Dann sind wir ausgestiegen aus dem Schiff und eingestiegen in den Zug. Und wie wir in der Bahn waren, sagt er: ‹So, jetzt seid ihr in England, jetzt könnt ihr reden, was ihr wollt. Was ihr wollt, könnt ihr reden, und es kann euch nichts passieren. Ihr könnts sogar schimpfen auf die Queen, wir sind in einem freien Land.› Er hat uns versichert. Das war unerhört nett von dem Menschen. Er hat gesehen, wir waren verbittert. Jeder war in einem schrecklichen Zustand. Wie wir mit dem geredet haben? Er hat, glaub ich, deutsch gesprochen. Ich kann dir sagen, er hat die größte Mitzwe getan!»

Die traditionellen Zuwanderländer USA, Kanada und Großbritannien verschärften unter dem ab 1938 ständig zunehmenden Andrang von Flüchtlingen die Bedingungen für die Einreise immer mehr. Nur wer bereit war, sich zu Dienstbotenarbeit zu verpflichten, und einen ausländischen Arbeitgeber fand, der sich verpflichtete, für entstehende Kosten aufzukommen, konnte mit einer Einreisegenehmigung rechnen. Die Einreisequoten waren schnell aufgebraucht. Im Nachlaß meines Großvaters fand ich eine Postkarte vom amerikanischen Generalkonsulat in Wien, damals Deutschland, aus der hervorgeht, daß er sich im April des Jahres 1938, also einen Monat nach der Besetzung Österreichs, mit Frau und drei Kindern auf der polnischen Warteliste für die Ausreise nach Amerika vormerken ließ. Weil er in einem Teil des ehemaligen Österreich geboren war, das inzwischen zu Polen gehörte, war er den neuen Bestimmungen zufolge nach Polen zuständig; seine Möglichkeiten zur Auswanderung waren dadurch schwer beeinträchtigt, denn die Quote für «polnische» Ausreiseanwärter war von den Vereinigten Staaten weit niedriger angesetzt als die Quote für Deutsche. «Sie werden rechtzeitig verständigt werden, wann Ihre Nummer auf der Warteliste an die Reihe gekommen ist», heißt es zuversichtlich auf der vorgedruckten Karte. Die Antwort wurde meinem Großvater eineinhalb Jahre später, im August 1939, zugestellt, als Frau und Kinder längst in England wohnten und es für ihn kaum noch Möglichkeiten gab.

Während die Vereinigten Staaten und Großbritannien eine einwanderungsbeschränkende Politik führten, zielte die Politik des neuen deutschen Regimes in Österreich anfangs darauf ab, so viele Juden wie möglich zur Auswanderung zu zwingen. Die Verfolgungen setzten in Wien plötzlich und für viele völlig unerwartet ein. Schulverbote, erzwungene Geschäftsübernahmen und Verhaftungen waren überall im Stadtgebiet – für alle sichtbar – an der Tagesordnung. Vor allem die Kristallnacht vom 9. zum 10. November 1938 ist zum Symbol des Untergangs jüdischen Lebens in Wien geworden: In gut vorbereiteten «Aktionen» wurden Geschäfte und Wohnungen verheert, fünfzig Wiener Synagogen und Bethäuser wurden in Brand gesteckt und Tausende von Juden verhaftet und in Lager überstellt.

Eine Woche später haben sie ihn geholt

«Wie ich weggefahren bin, da haben sie meinen Mann genommen, haben sie wollen, er soll Urlaubsgelder den Mädeln zahlen und alles mögliche. Hat er sich Geld ausgeborgt und denen was gegeben. Wie ich drüben war, sollte ich meinem Mann dann das Permit erledigen. Die Spielman hat mir versprochen, wann ich kommen wer', wird sie für ihn einreichen, daß er kommen soll. Aber bevor sie noch eingereicht hat, haben sie ihn verhaftet. Das ist so schnell gegangen, bevor man sich noch gerührt hat. Er wäre gekommen nach England, aber eine Woche später haben sie ihn schon geholt. Beim Friseur Krupka in der Karl-Meißl-Straße. Er war dort zum Haareschneiden: Er ist gegangen zum Friseur und vom Friseur hat man ihn herausgeholt.

Man hat ihn verhaftet und in ein Konzentrationslager geschickt. Er ist dann entlassen worden und nach Wien gekommen. Er hat eine Photographie geschickt, wie er rausgekommen ist von Dachau, da schaut er aus wie um zehn Jahre älter, obwohl er nur vier Monate dort war. Er hat mir noch eine Karte vom Lager geschickt, die hab ich noch irgendwo. Wir haben ihm Pakete geschickt. Wir haben dann organisiert, daß er rauskonnte, haben ihm Papiere von England geschickt. Er hat gehabt in Wien alle seine Sachen. Er hat sogar seine Versicherung gehabt. Die hat er eingezahlt gehabt, und die haben ihm ausgezahlt das Geld. Das Geld hat er in der Wohnung, wo wir gewohnt haben, am Plafond irgendwo versteckt. Er hat geglaubt, er wird nach Haus kommen vom Konzentrationslager, da wird er sich's rausnehmen. Aber wie er nach Wien ist, waren schon andere in der Wohnung, und er hat das Geld nicht mehr kriegen können: Wie man ihn verhaftet hat, sind andere Leute eingezogen. Jedenfalls hat er das Geld nicht mehr gefunden.»

Wer konnte, verließ das Land. Bis Ende des Jahres 1938 emigrierten ungefähr zehn Prozent der jüdischen Bevölkerung Wiens; im März 1939 hatte bereits die Hälfte aller Wiener Juden ihre Stadt verlassen, im November waren es mehr als 125000. Rund 60000 wanderten in die USA aus, 20000 nach Großbritannien, andere 20000 nach Palästina, der Rest vor allem in die übrigen Länder des British Commonwealth und nach Südamerika. Der Zeitpunkt für die Auswanderung war nun überschritten. Mehr als 60000 schafften es nicht mehr. Einer davon war mein Großvater, den ich nie persönlich gekannt habe, von dessen Leben ich bisher nichts geahnt hatte, dem ich mich aber heute sehr verbunden fühle. Warum wurde er verhaftet? Wann wurde er verhaftet? Wie kam er wieder nach Hause? Warum gelang ihm die Flucht nicht? Im «Zugangsbuch des KZ Dachau» sind Tausende von Juden fein säuberlich nach dem Datum der Ankunft im Lager registriert. Die Aktenmappe mit den mehr als zehntausend männlichen Häftlingen, die nach der Kristallnacht in Dachau eingeliefert wurden, trägt den euphemistischen Titel «Aktionsjuden». Unter dem 15. November 1938 fand ich unter der Nummer 26448 den Buchhalter Abraham Rosenstrauch, geboren in Tarnopol, wohnhaft in Wien. Die meisten der «Aktionsjuden» wurden nach einem halben Jahr wieder entlassen. Konnten sie beglaubigte Einladungen ins Ausland vorweisen, kamen sie manchmal schon früher frei. Sie mußten sich dann polizeilich melden und das Reichsgebiet sofort verlassen. Mein Großvater war nachweislich am 1. April wieder in Wien. Da er – aus guten Gründen – vier Monate den Zins nicht bezahlte, war seine Wohnung an neue Mieter vergeben. An seinen Besitz konnte er nicht heran. Er zog als Untermieter in die nahegelegene Jägerstraße. Es gelang ihm offensichtlich, sich bei den Behörden seines Bezirkes einen Ausreiseaufschub von mehreren Monaten zu sichern.

Seine Frau hatte da mehr Glück gehabt. Sie hatte ihr Gewerbe Anfang Oktober zurückgelegt, sich von ihrer Wohnadresse abgemeldet und war einen Monat vor der Kristallnacht, zum jüdischen Versöhnungstag, in ihrem nordenglischen Refugium angekommen:

«Ich bin gekommen nach Darlington Erev Jom Kippur. Da hat die Mrs. Spielman mich mit dem Chauffeur mit dem Auto führen lassen in die Synagoge. Die Spielman waren sehr reich. Die haben gehabt a Munitionsfabrik in Darlington. Das waren Fabrikanten, das waren angesehene Menschen. Ihre Schwiegermutter war eine Lady. Sie hat ein wunderschönes, großes Haus gehabt und sehr viele Angestellte, fünf Gärtner, eine Köchin und ein Stuhenmädchen und zwei House Maids und eine Nanny für die zwei Kinder und alles mögliche. Und a Hausschneiderin! Die hat a ganzen Stock gehabt: Ich hab gehabt a Werkstätte und a Schlafzimmer, alles separat. Sie hat mir ja oben am ersten Stock eingerichtet a ganzen Stock.

Wie ich nach England gekommen bin, hab ich zuerst nicht dürfen arbeiten, ich hab nur dürfen sein in a Haushalt. Ich war die Hausschneiderin. Die Mrs. Spielman ist mit mir gegangen das Zubehör kaufen. Dort war so ein Warenhaus in Darlington, da hat sie mir dort ein Konto eingerichtet, so daß ich konnte unterschreiben. Ich konnte doch nicht reden, und Geld hab ich nicht gehabt, da hab ich mir dort geholt, was ich gebraucht hab an Zubehör. Ich hab auch Journale dort gekauft. Ich hab nur unterschrieben, und sie hat bezahlt. Ein Pfund die Woche hab ich verdient. Sie hat mir dann ihre Freunde gebracht, ich soll ihnen Kleider machen. Sie hat so viele Kleider ja nicht gebraucht. Was glaubst du, wieviel Kleider braucht man?! Ich hab zum Beispiel ihr gemacht a Kleid, und sie ist gegangen, wo eingeladen. Da hat sie gehabt Freundinnen, die waren Ladies und so Adelige, und die haben sie bewundert. Die Spielman allein hat überhaupt keinen Geschmack gehabt. Die war unmöglich angezogen. Wie ich angefangen hab, sie anzuziehen, ist sie erst ein Mensch geworden. Ich hab aus ihr a Menschen gemacht! Jeder hat sie bewundert. Das war natürlich für sie eine große Sache. Is sie nach Hause gekommen, war sie überglücklich! Nachher sind ihre Freundinnen zu mir gekommen Kleider machen – sie hat sie gebracht. Sie hat mir gesagt, was ich denen rechnen soll.

Ihre Tochter hat dann geheiratet, und ich hab ihr die Ausstattung gemacht. Ich weiß heute nicht einmal, wie ich das alles machen konnte, ich war ja allein. Aber man hat mir geholfen. Die waren so begeistert, die Angestellten von der Spielman, daß sie gekommen sind mir helfen aus Vergnügen. Die Köchin hat gesagt: ‹I never saw such a work.› Ich hab ihr gemacht a Bluse mit Säumchen und Spitzerln, so, sehr schön. Ich bin gesessen bei der Maschine, und sie is hereingekommen und hat gesagt: ‹I never saw such a work.› – ‹Ich hab so was noch nicht gesehen.› Für die Parlour Maid war es die größte Ehre, mir zu helfen. Die haben immer nachmittags zwei, drei Stunden Pause gemacht. Is sie zu mir gekommen und hat mich gebeten, ich soll ihr was geben zu arbeiten, sie will mir helfen. Die haben mich alle so bewundert, das kannst du dir nicht vorstellen.

Sofort, wie ich gekommen bin, ist die Mrs. Spielman mich gegangen anmelden. Hat der Beamte überhaupt nicht können buchstabieren meinen Namen. Ich hab Rosenstrauch geheißen, hat er gesagt: ‹You have to change your name. Nobody will pronounce it.› So hat er's abgeändert auf Rose, nur ein paar Buchstaben nicht dazugegeben. Ganz a schöne Zeit hab ich so geheißen, Mrs. Rose, jeder hat mich so gekannt, jahrelang, überall. Das war ganz bequem. Hier muß man alles buchstabieren. Rosenstrauch is a langer Name. Ein Name ist besser, wenn er kurz ist.

Eine Woche nach mir ist die Edith nach Darlington gekommen. Sie ist nicht mit einer Gruppe gefahren, nur sie ganz allein. Mit vierzehn Jahren ist sie allein am Bahnhof angekommen! Die Joan – das war die Tochter von der Spielman – ist mit mir gefahren, sie abholen. Am ersten Tag ist die Joan gleich mit ihr ins Warenhaus gegangen, eine Schuluniform kaufen und hat sie gleich in die Boarding School gebracht. Ohne Schuluniform konnte man in England nicht in die Schule gehen. Die Edith hat kein Wort Englisch können, aber dann hat sie besser gelernt als alle andern in der Klasse und war sehr beliebt und ist überall eingeladen worden. Aber die Ferien hat sie bei mir verbringen können. Da ist sie von der Boarding School zu mir gekommen, hat sie bei mir gewohnt und bei mir gegessen.

Alle waren sehr nett zu mir. Ich hab a Glück gehabt. Die Köchin hat mich vergöttert. Ich konnte nicht Englisch, sie konnte nicht Deutsch, ich konnte ja nicht mit ihr reden. Hat sie mir sagen lassen, ich soll ihr nur sagen, was ich will, sie wird mir alles kochen. Sie hat nicht gewußt, was mir zu geben. Sie war unerhört gut, sie hat mir immer gekocht, was ich wollte. Weil bis ich mich gewöhnt hab an die englische Kost!»

In England

Mit dem Englischen hab ich Schwierigkeiten gehabt

«Von der Spielman hab ich nur a Pfund in der Woche gekriegt. Ihren Freundinnen hab ich drei Pfund gerechnet für ein Kleid, das war damals viel Geld. So hab ich mir erspart. Ich hab geschickt ein Pfund in der Woche an den Oskar in der Tschechoslowakei. Er hat mir erzählt, daß er Kaffee gekauft hat für das Geld, und alle haben getrunken Kaffee. Aber ich sag nur, jede Woche hab ich das Pfund wo weggeschickt jemand andern. Nicht nur dem Oskar, ich hab auch geschickt noch von der Frau Deutsch dem Sohn in der Schweiz.

Das muß ich dir auch erzählen, wie ich den Rabbiner kennengelernt hab, den Garb, wo ich dann mit seiner Frau Freundschaft geschlossen hab: Ich bin im Post Office in Darlington gegangen, schicken Geld meinen Eltern nach Polen. Ich konnte ja nicht schreiben und nicht reden. Er war zufällig dort. Da hab ich ihn ersucht, er soll mir helfen. Da hat er mir geholfen. Er ist nach Haus gekommen und hat's erzählt der Frau. Hat seine Frau gesagt: ‹Die Frau muß ich kennenlernen. Ich muß! A Frau, die a paar Pfund in der Woche verdient und allein a Refugee is und geht noch schicken den Eltern Geld! Bring sie mir nach Hause!› Er hat mich mitgenommen zu sich nach Hause, und dann hab ich mich zu ihr angefreundet. Sie hat mir sehr imponiert, weil sie war ein sehr guter Mensch. Mit a Kinderwagerl hat sie Kartoffeln und Brot geführt zu die armen Leute, das war eine sehr feine Frau. Denen hab ich herrliche Kleider gemacht. Überall, wo ich gegangen bin, hab ich Kleider gemacht. So hab ich mich beliebt gemacht. Kleider haben so viel ausgemacht, schöne Kleider waren für die eine große Sache. Er war der Reverend von der Synagoge in Darlington.

In Darlington hab ich mit niemandem reden können. Die Mrs. Spielman hat mich was fragen wollen, hat sie nachgeschaut, wie es heißt in Deutsch, und hat mich gefragt. Und ich hab ihr geantwortet. Sie hat immer das Wörterbuch in der Hand gehabt! Mit dem Dictionary ist sie herumgegangen und hat mit mir gesprochen. Mit den andern hab ich nicht gesprochen. Es ist aber bald anders geworden, weil die Edith ist immer zum Weekend zu mir gekommen, und sie hat dann schon können a bißl Englisch reden, und sie hat schon gedolmetscht. Mit der Zeit hab ich ein bißl gelernt. Mit dem Englischen hab ich Schwierigkeiten gehabt. Ich hab nur Englisch gelernt aus Not. Mit dem Englischen hab ich Schwierigkeiten gehabt am Anfang, und jetzt ist es für mich eine ganz normale Sprache!

Die Umstellung auf Inch und Yard ist aber schnell gegangen. Wenn man jung ist, ist alles ganz anders, man begreift alles, und man sieht, man muß nur a bißl Kopf haben. Ich hab gekauft a Inches Measure. Ich hab anfangs vielleicht sogar mit Zentimeter gearbeitet, aber nachher hab ich mich sukzessive umgestellt. Das hat mich nicht gestört.

Mich hat nur gestört: da war eine Day Nursery bei der Spielman. Die Spielman hat gehabt eine große Tochter, die Joan, einen Buben, der gestorben ist, und noch zwei kleine Kinder, a kleines Mäderl und a Buben. Und die haben gehabt a Nanny, a Kindermädel. Der Bub ist sogar schon in die Schule gegangen. Schlafen tun sie oben am Stock, im Schlafzimmer, und lernen und essen tun sie in der Day Nursery. Das waren ja reiche Leute. In der Day Nursery haben sie a Radio gehabt. Ich bin am Abend immer gesessen, wenn die alle geschlafen haben oben am Stock, und hab zugehört in der Day Nursery das Radio in Deutsch. Da hat der Hitler gesprochen, ich hab zugehört alle die grauslichen Sachen, was alles passiert. Die halben Nächte bin ich gesessen und hab zugehört. Es hat geheißen, ein Krieg bricht jeden Moment aus, und der Hitler wird kommen in die Tschechoslowakei. Der Oskar war doch dort. Ich hab gewußt, wie gefährlich das war. Ich war verzweifelt! Is die Mrs. Spielman gegangen zum Telephon zum Home Office in London und hat angerufen. ‹Der junge Mann muß herüberkommen!› Sie zahlt alles, hat sie gesagt. Sie hat sich angetragen, sie hat ungeheuer viel gemacht. Inzwischen hat aber seine Organisation, wo er dazugehört hat, die haben ihn rübergebracht. Er ist dann auch nach England gekommen.

Die Spielman waren natürlich auch Juden, aber die waren nicht fromm, überhaupt nicht, haben nichts gewußt von Jüdischkeit. Die waren Wohltäter. Die haben so viel Gutes getan für die Leute, das hat mir sehr imponiert. Die haben ja nichts gehabt von mir, und sie haben mir nur Gutes getan! Nicht nur mir: Mich hat sie herausgebracht und die Edith und die Franzi. Meinen Mann wollte sie auch herüberbringen. Wie wir die Verständigung gekriegt haben, ist die Spielman mit mir zur Bank gegangen, und wir haben Geld überwiesen. Wir haben ihm Geld geschickt und ein Permit, damit er mit einem illegalen Transport nach Palästina fahren kann, weil nach Palästina war leichter. Die Kultusgemeinde hat damit zu tun gehabt. Für die Reise haben wir in England eingezahlt. Fünfzehn Pfund haben wir ihm geschickt. Das war viel Geld damals.»

Geld war in diesem Fall nicht die einzige Hürde, die es zu überspringen galt. Bei meiner Suche nach Dokumenten und Informationen über das Leben – und den Tod – meines Großvaters fand ich etwa dreißig erschütternde Briefe, die zwischen Mai und September 1939 zwischen ihm, erwähnter Mrs. Spielman, dem Zionistenverband in London, einem englischen Durchgangslager für Flüchtlinge, der «Jewish Agency for Palestine», der «Anglo-Palestine Bank» in London, dem «Ausschuß für jüdische Überseetransporte» in Wien und einigen Privatpersonen, die um Hilfe gebeten wurden, hin- und hergingen. Diese Korrespondenz hat verzweifelte, ja bettelnde Seiten, aber auch viele kalte und abweisende Worte. Bürokratische Regeln, Streitigkeiten um Kompetenzen, Querelen darüber, ob denn besagter Herr auch tatsächlich, wie gefordert, der zionistischen Bewegung angehört hatte, zeitraubende Rückfragen der Bank, wer denn bei Überweisung des für die Ausreise notwendigen Geldbetrages für die Spesen aufkommen würde, kleinliche Formalitäten wegen der Altersgrenze für Palästinatransporte, die bei sechsundvierzig Jahren lag – mein Großvater war siebenundvierzig. Dazu kamen langwierige Kontroversen über den Kontoinhaber in Wien, aber auch über die Höhe des notwendigen Betrages – man überwies zuerst zehn Pfund, die sich dann als unzureichend herausstellten, wonach man nochmals in Aktion treten mußte: Mißverständnisse im Geschäftsbriefstil.

Angesichts der bedrohlichen Lage in Wien erscheinen diese Verzögerungen aus heutiger Sicht unsinnig, damals waren sie vielleicht notwendig. Der letzte erhaltene Brief der hilfsbereiten Mrs. Spielman in England an die Bank stellt lakonisch fest, daß ab dem 24. August 1939 keine Transporte aus Österreich mehr möglich waren, weshalb sie die Bank ersuchte, die bereits überwiesenen fünfzehn Pfund zu retournieren. Das Geld war also überwiesen worden, ob es den Empfänger tatsächlich erreicht hat, weiß ich nicht. Ich weiß aber, daß er noch drei Monate auf einen Transport wartete, ehe er die Stadt auf einem Schiff donauabwärts verlassen konnte.

«Wie viele Leute sind denn geblieben, die niemanden gehabt haben und nichts machen haben können! Ich mein nur, sie hat alles gemacht, was nur möglich war! Ich sag dir, was die Spielman gemacht haben, war unerhört. Zum Beispiel war da eine Regine, das ist von der Franzi eine Freundin in Wien gewesen. Da hat die Mutter von ihr mich getroffen und bitterlich geweint: ‹Wir haben niemanden, wir können nicht raus, wir haben nicht wohin zu fahren!› Ich bin damals gerade schon nach England gefahren. Und ich bin nach England gekommen und hab der Spielman das erzählt. Und sie hat veranlaßt, daß man sie herübergenommen hat: die Mutter, den Vater und die Regine. Auch der Regine, die meine Cousine war, und ihrem Mann hat sie verschafft einen Posten. Sie war als eine Köchin, er war als Butler. Man hat den Leuten das Leben gerettet! Man hat sie aufgenommen von Wien. Man hat nur gebraucht denen einen Posten zu verschaffen, weißt du, so wie Au-pair-Girls. Der Schwester von der Regine, der Ruza, mit dem Mann hat man verschafft einen Job bei einer Lady. Die haben sie nur aufgenommen – die haben schon eine Köchin gehabt und einen Butler. Die haben nicht gewußt, was sie sollen machen. Sie hat nicht einmal richtig gearbeitet, sie haben nix gemacht, sind gesessen und haben gewartet. Sie haben ein Visum gehabt nach Amerika, sie haben nur müssen warten, und es war gefährlich, in Wien zu warten.

Das waren unerhört gute Menschen. Zum Beispiel ist angekommen ein Transport mit Kindern von Österreich. Hat man die Spielman verständigt von Wobourn House, das war ein jüdisches Komitee. Man hat können adoptieren Kinder – nicht adoptieren, aber für sie sorgen, sie halten. Sie sind doch gekommen allein, ohne Eltern und allen, und wer reich war, hat sich können nehmen ein paar Kinder. Hat sie mir gesagt, sie fahrt sich anschauen die Buben, sie wird vielleicht einen adoptieren. Drei Buben hat sie gesehen. Is sie zurückgekommen. Sag ich ihr: ‹What did you think, what did you do?› Sagt sie: ‹I adopted them all three.› – ‹Ich hab alle drei genommen.› Sie hat einen Buben dem Chauffeur gegeben, hat ihm gezahlt soundsoviel in der Woche; einen dem Gärtner und einen hat sie behalten. ‹I couldn't see those poor children without father, without mother, without home, without everything.› Die Kinder waren elf, zwölf, dreizehn Jahre alt, die sind ganz allein gekommen mit einem Kindertransport. Gleich am Anfang, wie der Krieg angefangen hat, hat man geschickt Kindertransporte von Wien. Der eine von den Burschen hat sogar die Mutter noch herausgebracht, die hat dann Hüte gemacht in Lendon. Ja, die Spielman waren wirklich Wohltäter.

Da sind zum Beispiel einmal Transporte gekommen mit Kindern aus Wien, und die hat man müssen unterbringen. Da hat sie organisiert in der Provinz von Darlington, da hat sie mich mitgenommen. Man hat eingeladen die ganze jüdische Gemeinde, und sie hat eine Rede gehalten. Und sie hat gesprochen, wie wichtig es ist: ‹Die Kinder kommen herüber, und man muß sie adoptieren.› Und mich hat sie mitgenommen, weil ich sollte als Augenzeuge sagen: ‹Ich kenn die und ich kenn die.› Nicht, daß ich sie gekannt hab, aber ich hab müssen sagen, daß ich die Familie von den Kindern kenne, damit die Leute beruhigt sind und nicht glauben, daß es irgendwelche Verbrecherkinder sind oder so. In Jiddisch hab ich zu denen gesprochen, weil ich konnte ja noch nicht Englisch, das war am Anfang. Ich hab nicht sagen brauchen, wer ich bin und wie ich selber rübergekommen bin, weil das hat man alles gewußt. Ich hab nur müssen die Leute versichern, daß es Kinder von anständigen Leuten sind.

Wir haben sogar von der Edith eine Freundin rübergebracht, eine Nicht-Jüdin, die waren Kommunisten oder was, das war die, bei der sie versteckt war in Wien. Und die hat man einquartiert bei Arbeitern von seiner Fabrik. Die Arbeiter von Mister Spielmans Munitionsfabrik haben auch Kinder adoptiert: Man hat ihnen Geld gegeben, soundsoviel in der Woche. Da war ein Mäderl dort, eine Schulkollegin von der Edith, und da waren wir manchmal eingeladen zum Tee. Das hat alles die Spielman gemacht, und so was ist eine Seltenheit. Wie der Krieg ausgebrochen ist, haben sie reingenommen in ihre Wohnung, dort, wo ich gewohnt hab, Leute von der Umgebung, in der Nähe von Darlington, wo man geschossen hat, wo man Bomben geworfen hat. Sie hat einmal gesagt, das was ihr Mann verdient, davon gibt er die Hälfte für Wohltätigkeit. Ich hab von denen mehr gelernt als wie vom Rebbn.»

England bewahrte seinen guten Ruf als Flüchtlingsland, bis der mäßige Strom an Zuwanderern Ende der dreißiger Jahre zunehmend anschwoll. Etliche Länder, darunter Holland, Dänemark und die Schweiz, sperrten ihre Grenzen aus Angst vor der Flüchtlingsschwemme. Dann führte auch England Restriktionen für Asylbewerber ein. Dazu kamen der Visumzwang und strenge Quoten für Personen, die als Hausangestellte Arbeit suchten. Flüchtlingen, denen die Einreise geglückt war, standen aber auch nur wenige Arbeitsplätze zur Verfügung. Die Mittel für die Unterbringung dieser Flüchtlinge kamen jahrelang nur aus privaten Quellen. Erst nach der Kristallnacht änderte die britische Regierung ihre Flüchtlingspolitik und regte öffentliche Hilfsprogramme an: Ein Viertel aller Flüchtlinge waren Kinder, die Unterbringung suchten. Mrs. Spielman aus Darlington war Vorsitzende eines solchen Hilfsprogramms für Wiener Kinder.

Als im September 1939 der Krieg ausbrach, wurden nach und nach alle Fluchtwege gesperrt. Trotz aller bisherigen Beschränkungen waren aber mehr als sechzigtausend Flüchtlinge aus dem Deutschen Reich nach England eingereist. Fast die Hälfte davon waren Österreicher. Mit dem Kriegsausbruch änderte sich auch ihre Lage plötzlich: Wer unter dem Vorwand, als Hausangestellte zu arbeiten, gekommen war, konnte mit Kriegsbeginn auf Arbeitssuche gehen.

«Ein Jahr war ich bei der Spielman in Darlington. Dann ist der Krieg ausgebrochen. Weil der Krieg is ausgebrochen, hab ich dürfen arbeiten. Vorher hab ich nur dürfen sein in a Haushalt als Sewing Maid bei ihr. Wie der Krieg ausgebrochen ist, hat man verlautbart, daß wir können einen Job machen. Da war schon keine Beschränkung. Durch die Frau vom Rabbiner hab ich eine andere Frau kennengelernt, die ein Kleidergeschäft gehabt hat in Darlington. Und wie ich einen Job gesucht hab, hat die Frau von dem Kleidergeschäft gesagt, sie wird mir eine Werkstätte einrichten im Geschäft, dann kann ich Maßkleider anfertigen, weil sie selber hat nur fertige Kleider verkauft. Es war ein herrliches Geschäft! Aber ich wollte nicht. Ich wollte nach London. Ich wollte die Kinder zusammen haben. Der Oskar is nach London gekommen von der Tschechoslowakei, die Edith is gleich nach London gefahren, wie die Schule aus war, die Franzi hat a Job gekriegt in einer Kleiderfabrik. So hab ich gesagt: ‹Nein, ich will nicht, ich will nach London.› Und ich bin dann gleich übersiedelt.»

Mit jedem hab ich eine andere Sprache gesprochen

«Wie ich gekommen bin nach London, hab ich gehabt sechzig Pfund in der Tasche. Das war viel Geld damals. Stell dir vor, ich hab verdient nur ein Pfund in der Woche, und das waren meine Ersparnisse. Ich bin herumgegangen in London und hab gesucht, wo zu wohnen, ich hab ja nicht gehabt, wo zu wohnen. Und bin vorbeigegangen in Maida Vale und hab gesehen, es is gestanden a Mann und hat gestrichen die Wänd' dort. Bin ich hereingegangen und hab's mir angeschaut. Hab gedacht, das wär eine schöne Wohnung für mich. Ich weiß nicht, wie ich mit ihm gesprochen hab, hab keine Ahnung. Er hat gesagt, er kann nicht vermieten, es ist nicht sein Haus gewesen, ich soll gehen zum Agent. Ich glaub, ich bin mit jemand gegangen, der für mich gesprochen hat. Sind wir hingegangen zum Agent und haben ihm gesagt, daß ich eine Schneiderei führen will. Er hat nichts dagegen gehabt. Es war eine schöne Wohnung: Ein Zimmer vorne, ein Zimmer rückwärts; ein Fenster in den Garten und eine kleine Küche und ein Badezimmer, stell dir vor!

Wie ich nach London übersiedelt bin, hat mich die Lady Spielman protegiert: Das war die Schwiegermutter von der Mrs. Spielman, sie ist immer zum Sohn nach Darlington gekommen, und dort hat sie mich kennengelernt. Sie war doch eine Adelige, und die Adeligen haben dort Gesellschaften gemacht. Wie ich die Wohnung genommen hab, haben sie wollen eine Garantie haben, und sie hat mir garantiert.

Ich hab die Wohnung gemietet und mir gleich eine Werkstätte gemacht. Ich hab einen Tisch gekauft, die Maschine hab ich gehabt, weil ich sie mitgebracht hab nach London. Ich bin eingezogen, und Bekannte von der Spielman haben mir Möbel geschickt. Nicht diesen Kasten, wart, welcher Kasten war das? Die Mädeln haben ihn gebracht. Die Spielman selbst ist noch nachher gekommen nach London zu mir, wieder einmal mit dem Chauffeur mit dem Auto und hat sich bei mir Kleider gemacht.

Es war ein Haus mit drei Parteien. Ich hab im Mezzanin gewohnt, direkt von der Straße ist man reingegangen. Im Haus haben gewohnt zwei andere Parteien. Im ersten und im zweiten Stock hat gewohnt a Schwiegermutter mit a Schwiegertochter: die alte und die junge Goldberger. Und binnen vier Wochen waren sie bei mir angestellt. Die Schwiegermutter war a Finisher, die hat die Nähte ausgefertigt, und die Schwiegertochter war a Maschinistin, die hat auf der Maschine gearbeitet. Die waren keine Schneiderinnen, aber a bißl haben sie können. Ich hab sie dann schon abgerichtet nach meinem Geschmack. Ich hab gesagt, mach das und mach das, und die haben verstanden. Was ich nicht gewußt hab in englisch, hab ich gesagt in deutsch und jiddisch. Die Goldberger waren jüdische Leute, die haben mit mir a bißl Jiddisch gesprochen. Das waren schon meine Arbeiterinnen, und ich hab schon a Schneiderei gehabt.

Vorne is a Vorzimmer gewesen, dann war a Reception Room, ein Empfangszimmer, dort sind die Kunden gesessen. Dort hat man eine Bank gehabt, was man aufstellt. Wer gekommen ist, war da. Man hat nicht nein gesagt. Was man gegessen hat, hat man sich geteilt. Bei mir war's leicht, weil ich verdient hab. Was ich verdient hab, hab ich ausgegeben und fertig. Ich hab gewußt, es kommt wieder herein. Ich hab immer wieder verdient. In dem schönen Zimmer mit dem großen Fenster in den Garten hab ich die Werkstätte gehabt. Und gleich noch zwei Betten. Die Edith hat bei mir gewohnt. Dort hat man geschlafen, und bei Tag hat man gearbeitet.

Und a Büglerin hab ich auch gehabt. Die Erna vom Greißler, der bei uns in Wien in der Gasse gewohnt hat. Und zwar war das so: Unten im Keller im selben Haus in Maida Vale hat eine gewohnt, das war eine Prostituierte. Wenn man bei mir oben gesessen ist in der Werkstätte, hat man gesehen, wie sie is gegangen und hat sich geholt die Männer. Ich war mit dem Hausherrn gut. Nicht gut, aber er pflegte zu kommen einzukassieren den Zins. Hab ich ihm einmal gesagt, wenn die Wohnung frei wird, brauch ich sie für jemand. Und da hat er mir wirklich gesagt, die Prostituierte zieht aus. Und da hab ich die Wohnung der Erna genommen. Ein Zimmerl nur. Die Erna hat gearbeitet als Kellnerin in einem Restaurant, einem Fischrestaurant. Und dann ist sie krank geworden. Hat der Doktor gesagt, sie ist allergic zu die Fisch. Hab ich sie zu mir genommen. Sie war krank, und ich hab ihr von oben herunter das Essen gebracht und sie bedient, während sie krank war. Es war leichter für sie. Und nachher, wie sie gesund geworden ist, hab ich ihr gesagt: ‹Weißt du was, komm zu mir und arbeit bei mir.› So hat sie bei mir gebügelt. Ich sag dir doch, das waren Zeiten, wo es keine Rolle gespielt hat. Wer gehabt hat, hat gegeben. Das war so wie eine ganze Familie. Unten vom Basement war eine, am ersten Stock und am zweiten Stock, alle haben bei mir gearbeitet.

Wie ich angefangen hab zu arbeiten, sind zu mir gekommen Kunden von verschiedenen Ländern. Ich hab mit denen gesprochen Polnisch und Deutsch und Jiddisch. Im Wartezimmer sind gesessen Leute, sind hereingekommen, und mit jedem hab ich eine andere Sprache gesprochen. Manche sind gekommen von Golders Green, von Stanford Hill, haben Jiddisch gesprochen. Manche waren Refugees, haben Polnisch gesprochen. Die sind extra zu mir gekommen, weil ich Polnisch gesprochen hab. Da sind gekommen die ganzen Weiber von der polnischen Regierung, die was nach London geflüchtet is, und haben sich bei mir die Kleider gemacht. Die Polinnen haben das gern gehabt, so Kostüme und Jackenkleider, und ich hab das immer so gemacht. Dafür hab ich sogar einen Schneider gehabt, der hat bei mir Jakken gemacht. Die Schöße hab ich gemacht und er die Jacken. Es war nicht soviel Arbeit, weil die waren alle Refugees, aber man war froh, wenn man überhaupt Arbeit gehabt hat. Eine ist gekommen, und der hab ich ein Kleid gemacht. Immer hat eine der andern rekommandiert, und die andern, die konnten nirgends anders hingehen, sie konnten nicht reden, so sind sie zu mir gekommen. Es hat auch andere Schneiderinnen gegeben, aber von den Flüchtlingen glaub ich nicht. Dadurch, daß ich die Sprache gesprochen hab, das war eine Anziehungskraft. Es hat nicht lange gedauert, weil die haben auch gelernt, aber trotzdem war das ein Vorteil.»

Der Lebenslauf meiner Großmutter ist auch eine sprachliche Biographie. Immer wieder betont sie, daß es im Beruf nicht nur eine Notwendigkeit, sondern oft auch ein Vorteil war, den Kundendienst in mehreren Sprachen anbieten zu können. Mit den ruthenischen Bäuerinnen in Tarnopol sprach man Ruthenisch, mit den Näherinnen in Wien Deutsch, mit den Lebensrettern in Darlington Englisch, mit den Kundinnen in London Polnisch. Wer sie sprechen hört, könnte auf die Idee verfallen, sie könne keine einzige Sprache korrekt. Vor allem dem Puristen erscheint die Sprache, die von der elitären Norm abweicht, oft suspekt. Ihre Sprache ist aber eine organisch gewachsene Sprache, die alle ihre Erfahrungen enthält und die im großen und ganzen ihren Bedürfnissen gerecht wird. Wir alle würzen unsere Hochsprache zuweilen mit Einschlägen aus dem Dialekt unserer Kindheit oder mit einem fremdsprachigen Zitat aus der Literatur und deuten damit symbolisch an, woher wir kommen. Genau dies tut sie auch, nur nährt sie ihr Deutsch aus den Wurzeln anderer, ihr naher, uns aber fremder Sprachen.

Dennoch ist es ungewöhnlich, daß eine Frau sich immer wieder in neuen Sprachen versuchen muß, immer wieder darauf verzichten muß, in ihrer Muttersprache über ihre Probleme und Gefühle zu sprechen. Meine Großmutter hat nie auch nur ein Wort der Klage darüber fallenlassen; für sie war die Notwendigkeit der sprachlichen Anpassung eine Selbstverständlichkeit. Nur ganz, ganz selten klingt das Bedürfnis nach der Geborgenheit durch, die sich im Umgang mit der Heimat und der heimatlichen Sprache ergibt:

«Alle Refugees von Wien sind ins Austrian Centre gekommen, dort haben wir uns ja getroffen. Jeder ist dorthin gekommen. Dort hat man sich getroffen und hat können reden seine eigene Sprache, verstehst du.

Im Austrian Centre war ein Restaurant und ein Kaffeehaus; und unten war ein Buffet; deine Mama hat dort Mehlspeisen verkauft. Es war alles mögliche, man hat getanzt am Abend. Das Centre war besonders am Anfang. Die haben der Edith dann sogar einen Job in Leeds verschafft, und den Oskar haben sie später dann nach Manchester geschickt. Alle Leute haben sich in der Zwischenzeit einen Job gefunden und eine Wohnung gefunden, und man hat sich verteilt. Jeder ist irgendwo untergekommen. Wenn jemand nichts gehabt hat, hat man ihn zu sich genommen. Zum Beispiel dort, wo ich dann nach dem Krieg die Wohnung übernommen hab, da waren drei Zimmer oben, und unten waren drei Zimmer. Da haben drei Familien und fünfzehn Personen gewohnt. Ich hab sie gefragt: ‹Wo habts ihr alle gewohnt?› Haben sie gesagt: ‹Der hat am Boden geschlafen, und der hat am Sofa geschlafen.› – Es waren junge Leute, es war Krieg, man war nicht heiklig.»

Erich Fried, den es 1938 ebenfalls in die englische Emigration verschlug, erinnerte sich 1983 in einem Buch über deutsche Exilliteratur: «Die Exilorganisationen waren von den politischen Bewegungen ins Leben gerufen worden. Es gab zionistische, die hatten einen großen Zulauf jüdischer Flüchtlinge. Es gab kommunistische, die waren am stärksten. Nicht, daß die kommunistischen Parteien, die deutsche und die österreichische, so viele Mitglieder hatten, aber die haben sehr gute Propagandarbeit geleistet. Die Kommunisten haben Restaurants aufgemacht und Kulturklubs gegründet mit Kulturprogrammen, Vorlesungen, Kleinkunstbühnen, um an möglichst viele Emigranten heranzukommen, auch an möglichst viele junge. Der

Freie Deutsche Kulturbund hatte ein Restaurant in der Upper Park Road, das Austrian Centre in Paddington... Ähnliches gab es im Austrian Office – das waren die Konservativen und Monarchisten – und kleiner auch im Austrian Labour Club, das waren die Sozialdemokraten. Die hatten also alle Geselligkeitszentren.»

Als 1940, nach deutschen Siegen in Dänemark, Norwegen, Holland, Belgien und Frankreich, auch ein Einmarsch in England denkbar wurde, steigerte sich die Unsicherheit, und die Feindseligkeit der englischen Bevölkerung ihren deutschsprachigen Flüchtlingen gegenüber zur Hysterie. Es wurden Schritte unternommen, um Tausende dieser Flüchtlinge zu verhaften und in abgelegenen Auffanglagern zu internieren. Mein Vater verbrachte so eineinhalb Jahre auf der Isle of Man in der Irischen See in streng bewachten, von Stacheldraht umgebenen Lagern. Man half bei der Ernte, spielte Fußball, organisierte Vorträge zur politischen Lage, kulturelle Veranstaltungen und sorgte sich um Freunde und Familie im Londoner Bombenregen. Manchmal kam Besuch vom Festland, den man, so die allmächtige Wache wollte, am Tor empfangen konnte. Mein Vater wurde 1942 entlassen, kam nach London, lernte meine Mutter, die ebenfalls aus Wien geflüchtet war, im Austrian Centre kennen. Im selben Jahr noch wurde geheiratet, im selben Jahr kam ich zur Welt, und meine Großmutter wurde – meine Großmutter. Sie erzählt:

«Er ist interniert worden auf der Isle of Man. Ich hab ihm Pakkerln geschickt. Und einmal bin ich hingefahren ihn besuchen. Hab ich mitgenommen Pakete. Alle die Burschen, die dort mit ihm interniert waren, haben geteilt. Jeder hat gefragt: ‹Wann kommt deine Mutter wieder?› Ich bin mit dem Schiff hingekommen, hat man gehabt a Angst, ich wer brauchen a Schiff, um zurückzufahren. Es war ja während des Krieges. Sie haben gesagt, es ist eine Bombe im Meer, die Schiffe dürfen nicht gehen. Hab ich müssen dort bleiben; vier Tage bin ich ungefähr dortgeblieben. In den vier Tagen habe ich jeden Tag ein Paket hingetragen. Er hat nicht gehungert dort! Der Mann dort beim Tor, der dort auf denen aufgepaßt hat, hat mir gesagt, ich kann jeden Tag kommen, und ich kann kommen, wann ich will. Er hat mich sogar eingeladen, ich soll mit ihm ins Kino gehen.

Dann haben sie die Leute rausgelassen. Wie er herausgekommen ist von der Isle of Man, hat er gearbeitet in einer Munitionsfabrik, sonst hätte er müssen einrücken. Deine Mama hat auch gearbeitet in der Munitionsfabrik. Der Papa hat dich, bevor er zur Arbeit gegangen ist, in die Munitionsfabrik, zu mir gebracht. Ihr habts nicht weit gewohnt von mir. Ich hab dich gebadet im Abwaschbecken und Frühstück gegeben, und du bist bei mir draußen im Wagerl gestanden.»

1945 war Österreich befreit. Das hieß zerbombt, verheert, verhungert. Millionen von Vertriebenen suchten ein Zuhause. An eine Heimkehr der Emigranten aus England war vorerst kaum zu denken. Viele hatten sich zurechtgefunden, anderen wurde die Abreise nach Österreich einfach verwehrt. Nur besonders beharrlichen Einzelheimkehrern gelang die Reise in die Ruinenhaufen Wiens. Meine Eltern gehörten dazu.

«Die Eltern sind dann gleich nach Hause gefahren nach Wien. Mit zwei kleine Kinder! Zehn Tage hat's gedauert, nach Wien zu fahren. Die haben nichts gehabt in Wien, keine Arbeit, keine Wohnung und gar nichts, die waren arm. Das hat mir soviel Sorgen gemacht, ich hab nicht gewußt, was ich machen soll. Ich hab mich ununterbrochen gefragt, wie ich was schicken kann. Durch den Austrian Centre hab ich Säcke mit Lebensmitteln geschickt – nicht a Packl, sondern a Sack. Die waren mir behilflich, haben mir gesagt, wie man das machen kann. Da hab ich die Pakete gemacht, sie zum Posthaus geführt, und sie sind angekommen. Das hat mir a bißl a Beruhigung verschafft.»

Ich hab nicht gewußt, daß mein Mann tot ist

«Ich hab dann geheiratet. Ich hab vier oder fünf Jahre nicht gewußt, daß mein Mann tot ist. Ich hab nicht gewußt, was geschehen ist. Die Nachricht hab ich bekommen von Jugoslawien, von der Botschaft. Haben sie geschrieben, daß er in einem Lager war und daß er nicht überlebt hat. Er is von Wien aus am Schiff zugestiegen, auf der Donau. Das sind drei Schiffe gewesen, tausend Menschen, auf dem Weg illegal nach Palästina. Das war ein schlechter Winter, die Donau is zugefroren. In Jugoslawien is das Schiff steckengeblieben, und die sind ausgestiegen. Das war der einzige Transport, der nicht durchgekommen ist. Sind sie in ein Flüchtlingslager gekommen. Wir haben gewußt, wo er war, er hat geschrieben, man soll ihm Pakete schicken. Die Franzi hat jemanden Bekannten gehabt in Jugoslawien, einen ehemaligen Freund vom Oskar, Tibor hat er geheißen. Der hat sich ein bißchen verliebt gehabt in sie, mit dem war sie dann in Verbindung. Zu dem haben wir Pakete geschickt und Geld, und sie hat ihm gegeben den Namen und die Adresse von dem Lager in Jugoslawien, und er hat es ihm übergeben. Dann is der Hitler hereingekommen nach Jugoslawien, hat man aus dem Heim a Konzentrationslager gemacht und hat die ganzen Leute umgebracht. Sind alle erschossen worden. Männer, Frauen und Kinder.

Ja, er hat viel zu suffern gehabt. Er hat Pech gehabt, er hat geglaubt, er is schon draußen, wenn er schon am Schiff war. Stell dir vor!»

Kurz vor Kriegsbeginn hatte er noch nach England geschrieben: «Das Reisebüro ist informiert, ich warte nur mehr auf die Abreise.» Dann kam keine Post aus Österreich mehr über die Grenze. Der letzte Meldezettel registriert drei Monate später: «Abraham Jakob Israel Rosenstrauch, Heimatort Wien, Deutsches Reich, Beruf Buchhalter, jetzt Ziegelarbeiter, wohnhaft als Untermieter in der Bäuerlegasse 20, ausgezogen am 25.11.1939 nach Palästina.» Der Meldezettel verrät die neue Amtskultur: Österreich lag nun im Deutschen Reich, jüdische Männer hießen jetzt Israel, Buchhalter waren dienstverpflichtet als Ziegelarbeiter. Das war der gelbe Stern des Amtsschimmels. Ein späterer Amtsschimmel hat dem Meldezettel noch seinen makabren Stempel aufgesetzt: Links oben ziert ein vielsagendes schwarzes Symbol das Dokument. Mit dickem Bleistift hat man ein großes J mit einem Kreuz verbunden: Jude, daher tot.

Was zwischen der zuversichtlichen Ankündigung der Abreise und

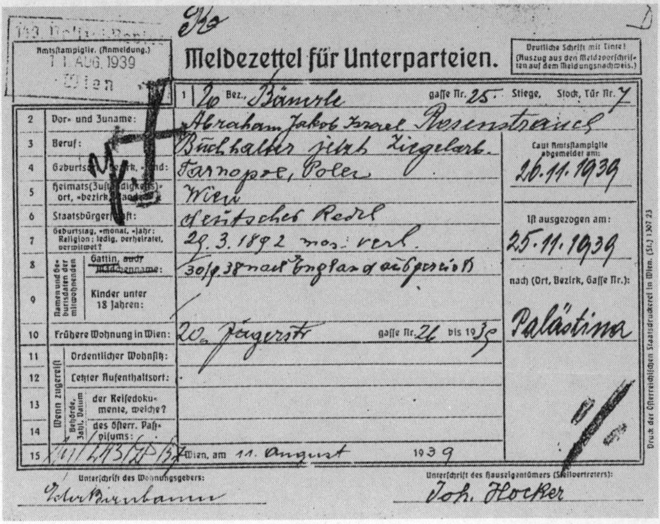

Amtsstampiglie. (Anmeldung.) 11. AUG. 1939 Wien

Meldezettel für Unterparteien.

Deutliche Schrift mit Tinte! (Auszug aus den Meldevorschriften auf dem Meldungsnachweis.)

1	20 Bez., Bäuerle gasse Nr. 25. Stiege, Stock, Tür Nr. 7	
2	Vor- und Zuname:	Abraham Jakob Israel Rosenstrauch
3	Beruf:	Buchhalter jetzt Ziegelarb.
4	Geburtsort, -bezirk, -land:	Tarnopol, Polen
5	Heimats(Zuständigkeits)ort, -bezirk, -land:	Wien
6	Staatsbürgerschaft:	deutsches Reich
7	Geburtstag, -monat, -jahr: Religion: ledig, verheiratet, verwitwet?	29.3.1892 mos. verh.
8	Namen und Geburtsdaten der Mitwohnenden: Gattin, ~~auch~~ ~~Mädchenname~~:	30/9.38 nach England ausgereist
9	Kinder unter 18 Jahren:	/
10	Frühere Wohnung in Wien:	20., Jägerstr. gasse Nr. 26 bis 1935
11	Wenn zugereist: Ordentlicher Wohnsitz:	
12	Letzter Aufenthaltsort:	
13	Behörde, Zahl, Datum der Reisedokumente, welche?	
14	des österr. Paßvisums:	
15	[illegible]	Wien, am 11. August 1939

Laut Amtsstampiglie abgemeldet am: 26.11.1939

Ist ausgezogen am: 25.11.1939

nach (Ort, Bezirk, Gasse Nr.): Palästina

Unterschrift des Wohnungsgebers: Ida Birnbaum

Unterschrift des Hauseigentümers (Stellvertreters): Joh. Hocker

Druck der Österreichischen Staatsdruckerei in Wien. (St.) 1307 23

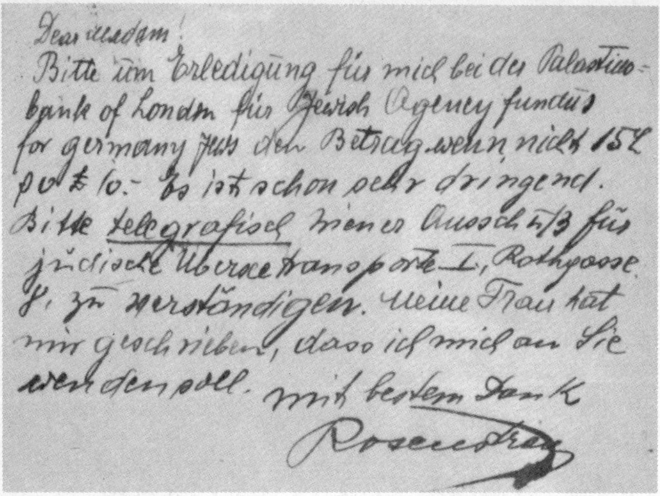
Dear Madam!
Bitte um Erledigung für mich bei der Palestine-bank of London für Jewish Agency fund aus for germany für den Betrag wenn nicht 15 £ so £ 10.– Es ist schon sehr dringend. Bitte telegrafisch meinen Ausschuß für jüdische Überseetransporte I., Rothgasse 8, zu verständigen. Meine Frau hat mir geschrieben, dass ich mich an Sie wenden soll. Mit bestem Dank
Rosenstrauß

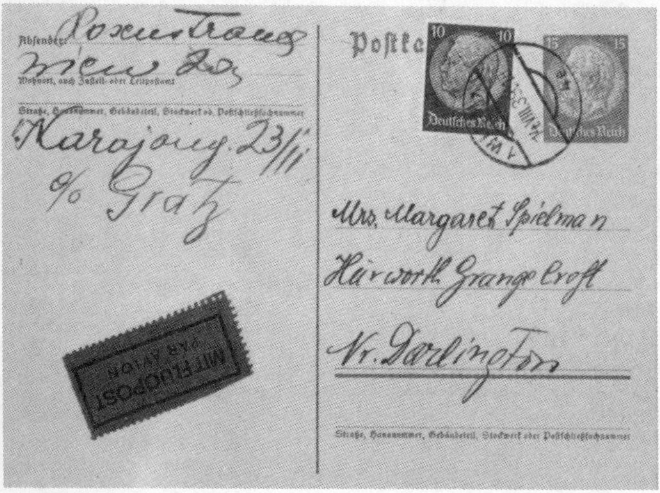
Absender: Rosenstrauß
Wien I
Wohnort, auch Zustell- oder Leitpostamt
Straße, Hausnummer, Gebäudeteil, Stockwerk od. Postschließfachnummer
Karajang. 23/II
c/o Graz

Postkarte

Deutsches Reich

MIT FLUGPOST
PAR AVION

Mrs. Margaret Spielman
Harworth Grange Croft
Nr. Darlington

Straße, Hausnummer, Gebäudeteil, Stockwerk oder Postschließfachnummer dem tödlichen Ausgang dieser Reise geschehen sein mag, war unter anderem vor einigen Jahren in einem Bericht über die Arbeit einer israelischen Historikerin zu lesen, die sich mit dem ungewöhnlichen und in vielen Details ungeklärten Verlauf dieses Reisearrangements beschäftigte.

Die Transporte, die von jüdischen Hilfsorganisationen in Wien zusammengestellt wurden, brachten damals viele Flüchtlinge auf gemieteten Schiffen nach Rumänien, wo Hochseeschiffe den weiteren Transport sicherstellten. Aber gegen Ende 1939 kamen die Transporte ins Stocken, denn Hochseeschiffe waren kaum noch zu beschaffen. Wiens Juden liefen täglich Gefahr, verhaftet und nach Polen deportiert zu werden. Deshalb schickte man zuletzt wartende Flüchtlinge, die bereits ihre Reisekosten eingezahlt hatten, in die Slowakei, ohne den Weitertransport sicherzustellen. Die slowakischen Behörden drohten aber mit der Auslieferung der Flüchtlinge nach Wien. Da heuerte die jüdische Gemeinde Jugoslawiens ein paar Ausflugsdampfer und kam den Flüchtlingen aus Wien entgegen. Der Transport kam aber nur bis Rumänien, mußte um die Jahreswende kehrtmachen und die nächsten Wintermonate in den sommerlich ausgestatteten Schiffen abwarten. Eine Serie von peinlichen Fehlentscheidungen verhinderte den Ankauf eines Ozeandampfers und die Abreise aus Jugoslawien. Einer anderen Quelle zufolge protestierte auch der britische Botschafter in Belgrad gegen den Weitertransport der Flüchtlinge nach Palästina. Mehrmals während des folgenden Sommers und des Herbstes wurden aber Schiffe versprochen, die dann nie ankamen. Zu viele Emigrantenschiffe waren gesunken oder von England auf hoher See aufgebracht worden. Es waren ja illegale Transporte! In dieser hoffnungslosen Situation wurden die mehr als tausend Flüchtlinge aus Wien und Prag von den Ausflugsbooten in ein dauerhafteres Quartier nach Sabac in der Nähe von Belgrad überstellt. Anfang Dezember 1940, ein Jahr nach der Abreise aus Wien, lag dann endlich ein geeignetes Schiff am Schwarzen Meer und wartete auf die Gruppe aus Sabac. Der jugoslawische «Reiseleiter» entschied aber anders: Er wollte bis zum Frühling warten. – Im Frühling kam die deutsche Armee.

Ein halbes Jahr später wurden die Emigranten interniert. Im November 1941, zwei Jahre nach der Flucht, wurden die Männer erschossen, die Frauen und Kinder kamen im Frühjahr 1942 um. Jakob Rosenstrauch war einer der 1057 Toten. Im Jahre 1959 wurden alle in einem Staatsbegräbnis auf dem jüdischen Friedhof von Belgrad feierlich beigesetzt. Von seiner Familie war keiner dabei.

«Nachdem ich erfahren hab, daß er is tot, hab ich den Jack geheiratet. Ich hab ihn getroffen im Austrian Centre. Wie ich ihn geheiratet hab, hab ich Schapira geheißen. Sobel hab ich zuerst geheißen. In Rußland haben wir dann Berditschewski geheißen. Wie mein Vater nach Polen gekommen is, hat er geändert auf Wolfzahn. In Wien hab ich Rosenstrauch geheißen. Wie ich nach England gekommen bin, hat man's geändert auf Rose. Sechs Namen hab ich gehabt!

Mit vierzig bin ich nach England gekommen, und mit fünfzig hab ich den Jack geheiratet. Da waren alle meine drei Kinder schon verheiratet. Der Oskar war schon in Wien, die Edith hat die Absicht gehabt, zurückzufahren nach Wien. Da hab ich mir gedacht, ich bleib ganz allein. Weißt du, das können Leute von heute gar nicht begreifen!

Er war auch ganz allein, weil seine Kinder waren auch weg. Er war aus Brody, das war auch in Galizien. In Wien hat er gewohnt dort beim Eisenbahner. Das war a Eckhaus, dort, wo ich mein Geschäft gehabt hab. Er hat ein Ratengeschäft gehabt mit seinem Bruder im ersten Stock. Er hat noch einen Bruder gehabt, der hat im zweiten Stock gewohnt. Ich hab dir doch erzählt, mein erster Mann, der Jakob, hat ihm die Bücher geführt. Ich hab ihn ganz gut gekannt in Wien, ich war sogar bei seiner Hochzeit. Ich weiß sogar, was für ein Geschenk wir ihm gekauft haben zu seiner Hochzeit: A Schüssel und a Nachttopf und a Krug zum Waschen. Ich hab seine Frau gut gekannt. Die hat Selbstmord begangen vor dem Krieg. Sie hat sich verliebt in einen Vertreter von ihm, der war aber verheiratet. Das hat sich jahrelang gezogen. Er hat ihr versprochen, er will mit ihr weg, und sie werden in die Schweiz fliehen. Sie hat sich eingepackt den Koffer, aber wie sie hingekommen is, war er zu Hause mit seiner Frau und hat gesagt, er hat sich's überlegt. Hat sie sich vom Balkon runtergschmissen; sie war gleich tot. Eine junge, hübsche Frau! Hat zurückgelassen zwei Kinder, die Nelly und den Kurt. Sie muß verzweifelt gewesen sein!

Der Jack is aus Wien herausgekommen, weil er war auch im Konzentrationslager, aber er hat einen Onkel gehabt hier in England, der hat ihm die Papiere geschickt, daß er kann bei ihm wohnen und daß er hat einen Job für ihn, und man hat ihn rausgelassen. Ihn und seine Kinder. Die Kinder hat man vorher noch nach Deutschland geschickt zu seiner Schwester, wie er ins Konzentrationslager gekommen ist. Das Dienstmädel hat das gemacht. Seine Schwester, das war die Rosenberg von der Hemdenwerkstätte, wo der Jakob gearbeitet hat. Nach der Geschäftsauflösung is sie nach Deutschland gefahren. Die Schwester und eine Tochter waren während des ganzen Krieges in Deutschland am Dachboden versteckt, und der Portier vom Haus hat sie versorgt mit Essen. Dann hat er noch a Schwester gehabt, die war verheiratet mit einem Arzt in Polen, und die sind umgekommen. Die haben zwei Töchter gehabt, die sind untergekommen bei Bauern, bei Christen dort, die haben dort gelebt und dort studiert, und wie alles vorbei war, sind sie nach Israel ausgewandert. Sein Bruder, der is auch nach England gekommen, und der jüngste Bruder is nach Amerika.

Wie der Krieg vorbei war, da hab ich die Wohnung in Bayswater kriegen können, weil die Leute vom Austrian Centre sind zurückgefahren nach Wien. Das war eine wunderbare Sache. Das war eine schöne Wohnung: Im Keller unten war ein Vorzimmer ein großes, die Küche und eine Scullery, dann war ein Schlafzimmer und ein Speisezimmer. Und von der Küche war noch ein Kammerl, dort hat das Mädel gewohnt, die Mitzi. Und oben war zuerst das Empfangszimmer und dann die Werkstätte und dann noch ein kleines Zimmerl für Gäste.

In Bayswater hab ich gehabt vielleicht zehn Leute. Dort war die Anita, eine Spanierin, die hat gestickt. Und eine Büglerin, die Klara, die war auch aus Wien. Die war bei mir, bis ich retired bin. Ich hab sehr gute Leute gehabt. Sehr gewissenhaft! Dafür hab ich immer zu tun gehabt, weil ich gute Arbeit gegeben hab. Eine Kunde is einmal gekommen mit einer Cousine von Amerika. Ich hab der Kunde probiert das Kleid, und die Cousine von

Amerika hat mir so zugeschaut. Sagt sie: ‹Wenn Sie möchten in Amerika sein, möchten Sie ein Vermögen verdienen! Was für herrliche Hände Sie haben, wunderbar! Wie schön und leicht Sie probieren, und wie Sie umgehen damit!› Einmal war ich auch in Amerika zu Besuch. Das Ganze, was ich nur von Amerika gesehen habe, waren nur die Geschäfte auf der Fifth Avenue. Ich bin jeden Tag hingegangen in die Geschäfte und hab mir die Kleider angeschaut. Und die Modeschauen. Und dann hab ich die Kleider gekauft: Zwölf Kleider hab ich von Amerika zurückgebracht. Ich hab sie abgeändert und hab sie den Kunden verkauft. Ich hab sie kopiert und viele solche Kleider gemacht von die Modelle. Das war für mich eine Gabe, das war mein ganzes Glück. Das waren schon gute Zeiten!»

Die Mutter hat man nicht verschleppt

«Ich wäre ja von Bayswater nicht ausgezogen, aber das Haus ist verkauft worden. Und die Leute, was gekauft haben das Haus, haben nicht erlaubt, eine Werkstätte zu haben. Ich war verzweifelt! Ich hab müssen ausziehen dort und hab nichts gehabt. So bin ich dazu gekommen, dieses Haus zu kaufen.

Ich war fünfundsechzig Jahre alt, wie wir hierhergezogen sind. Da hab ich schon meine Pension bezogen. Offiziell hab ich nicht mehr gearbeitet. Ich hab nur mehr Reparaturen gemacht. Die alten Kundinnen sind noch zu mir gekommen, wenn sie was gebraucht haben. Ich hab dann mit den Augen zu tun gekriegt. Jedesmal hab ich a bißl weniger gesehen, und jedes Mal hab ich a bißl weniger genäht. Bis ich achtzig war, hab ich noch jeden Tag gearbeitet. Wann ich sehen könnt, würd ich noch heute arbeiten. Unlängst hat mich noch eine Frau angerufen, ob ich ihr ein Kleid nähen kann, ihre Enkeltochter heiratet. Stell dir vor, ich bin neunzig, und die Kunden rufen mich noch immer an! Aber ich kann nichts machen.

Wie wir hierhergezogen sind, hab ich eine Kiste gehabt mit Bilder und Dokumente, die is verschwunden. Während des ganzen Krieges hab ich sie mit in den Shelter genommen. Wenn Air raids war, hab ich sie geschleppt. Eine Holzkiste mit einem Riemen auf der Seite, damit ich's anziehen kann, um sicher zu sein. Da war der Trauschein, der Geburtsschein, noch eine Postkarte vom Jakob vom Konzentrationslager, ein Bild von meinen Eltern von Tarnopol. Ich weiß nicht, wo die sind. Eines weiß ich, eine Karte vom Konzentrationslager muß dort sein und a Photographie: a Bild von meiner Mutter und meinem Vater, im Zimmer, beim Bett, die sitzen beide, jemand hat gemacht a Aufnahme. Wenn ich tot bin, und man wird das Haus abreißen, wird man's vielleicht finden.

Ich hab auch Bilder gehabt von meiner Schwester Kinder. Die Malke, die ältere, war vielleicht dreizehn Jahre alt, die Esther zwölf, der kleine Herscherl vielleicht sieben oder acht Jahre alt, entzückende Kinder. Herrliche drei Kinder! Vielleicht leben sie noch wo? Ich hab immer das Gefühl gehabt, vielleicht leben die Kinder. Was kann ich wissen!? Ach Gott, ich sag dir, es bricht mir das Herz, wenn ich dran denke, was das für Menschen waren, wie sie zugrunde gegangen sind! Ich weiß aber gar nichts Genaues. Ich weiß nur, was dieser Cousin aus Israel, der Adolf, geschrieben hat. Er hat einen Brief geschrieben, was passiert is im Krieg mit den Eltern und der Schwester. Das war so ein schrecklicher Brief, daß – wie ich den Brief gesehen hab, bin ich ohnmächtig geworden, so ein schrecklicher Brief war das. Den hat jemand vernichtet, damit ich ihn nicht mehr lesen kann. Ich hab ihn nur das eine Mal gelesen, wie er gekommen is. Was er alles geschrieben hat, das war furchtbar. Er war versteckt mit junge Burschen und is dann geflüchtet durch Wälder und Felder nach Rußland; viele haben das gemacht in Polen. Er is noch einmal zurückgefahren nach Tarnopol, da hat er davon gehört. Da war nichts mehr da, die Leute, die im Haus gewohnt haben mit meine Eltern, sind alle nicht mehr dagewesen, die sind alle verschleppt worden. Die Nachbarn sind auch verschleppt worden. Da war die Salka, der hat das Haus gehört. Sie und der Mann und alle hat man verschleppt. Sie sind umgekommen, die Schwester mit den drei Kindern und der Mann und alle. Man hat mir geschrieben, sie haben gegraben die Schanzen, und dann hat man sie alle erschossen. Wenn ich daran denke, was die Leute mitgemacht haben! Man sieht den Tod vor den Augen und weiß, man wird umgebracht, stell dir vor!

Die Mutter hat man nicht verschleppt, die Mutter ist dort geblieben und hat das alles gesehen und gehört. Stell dir vor, in welchem Zustand sie war! Der Adolf hat geschrieben, daß die Mutter im eigenen Haus in der Barona Hirscha gestorben ist. Sie ist dort allein geblieben, sie war krank und alt, was sollten sie mit ihr machen? Sie hat niemanden gehabt, sie war allein, ganz allein, kein Geld, keine Hilfe. Die arme Frau is gelegen, allein, und hat niemanden gehabt. Ja, es war schrecklich! Ich hab so geweint, schrecklich! Noch heute. Ich träum noch immer, wie meine Mutter umgekommen ist. Ich weiß nicht, wer dem Adolf das erzählt hat, aber von ihm aus hab ich gewußt, wie das alles zugrunde gegangen is. Wenn ich so denke, wie die alle zugrunde gegangen sind! Mich ruft man an, kümmert sich um mich, aber meine Mutter ist ganz allein geblieben, ohne irgendeine Hilfe. Die Mutter, nebbich, vor lauter Zures is sie schon gestorben. So was durchzugehen!»

Im Diaspora-Museum in Tel Aviv kann man den Computer nach dem Ende der jüdischen Gemeinden Osteuropas befragen. Ein Knopfdruck genügt: Wenige Sekunden danach liegt der gedruckte Bogen vor: 18000 Juden lebten vor dem Krieg in Tarnopol. Als die deutsche Armee im Juni 1941 die Stadt besetzte, wurden die ersten 5000 ermordet. Im September wurde in Tarnopol das erste Ghetto Galiziens für mehr als 12000 Juden errichtet, dessen Bewohner nach und nach ermordet wurden. Am 25. März 1942 wurden 1000 Juden in einem nahegelegenen Wald erschossen, Ende August brachte man 4000 Tarnopoler in ein Todeslager, Ende September weitere 1000. Die verbliebenen arbeitstauglichen Juden aus Tarnopol wurden im darauffolgenden Winter in ein Arbeitslager verfrachtet. Die endgültige Liquidierung des Ghettos und seiner Insassen fand am 20. Juni 1943 statt, die des Arbeitslagers am 6. August.

Vierzig Tage währte 1944 der Kampf um Tarnopol, als die sowjetische Armee die Stadt Haus für Haus zurückeroberte. Als der Spuk vorbei war, krochen 150 überlebende Juden aus ihren Verstecken, etwa 200 kehrten aus dem sowjetischen Exil zurück. Man errichtete ein Mahnmal für die 18000 jüdischen Opfer der Stadt. In den fünfziger Jahren wurde es wieder abgetragen, der alte jüdische Friedhof in Tarnopol wurde zum Baugelände, der neue Friedhof zur Garagenanlage: Die Juden sind vergessen. Heute erinnert – so ein moderner Reiseführer durch die Sowjetunion – ein zwanzig Meter hoher Obelisk an der Leninstraße pauschal an alle Opfer des Zweiten Weltkrieges. Ich habe meiner Großmutter diesen Bericht vorgelesen. Nur ein tiefer Atemzug verriet den Schmerz, den sie in sich trägt.

Meine Oma und ich

Ich hab überhaupt keine Angst vor dem Sterben

«Ich weiß nicht, was besser is, wenn man weiß oder wenn man nicht weiß. Wenn man nicht weiß, macht man sich alle möglichen Phantasien. So ist das!»

So kommentiert meine Großmutter die Informationen, die ich ihr über Tarnopol vermitteln konnte. Ich will nicht mehr in sie dringen, darf es auch nicht, will nicht wissen wollen, wie sie mit all dem fertig geworden ist. Sie hat Jahrzehnte damit gelebt, hat bisher nie darüber gesprochen. Ich kann sie da nicht beirren. Sie ist den Dingen nie selbst nachgegangen, hat sich damit abgefunden. Meine Fragen, so vorsichtig sie auch formuliert waren, rührten an allzu lange Verdrängtes. Ihr phantastischer Reisebericht durch die Zeit und die Welt, über die sie mit Humor berichtet, wann immer es mir gelingt, mit meinen Fragen die richtigen Saiten der Erinnerung anzuschlagen, klingt traurig, wenn es um die Familie in Tarnopol geht. Trotzdem konnte ich nicht auf diesen Teil des Berichtes verzichten. Ich versuchte, ihr zu erklären, warum es für uns, die wir nicht dabeigewesen sind, die wir den Schmerz nicht wirklich verstehen, so wichtig ist, mehr zu wissen. Ich versuchte, Näheres über ihre – und meine – Familie in Erfahrung zu bringen. Ich berichtete ihr laufend über meine Versuche und stieß lange nur auf Abwehr. Erst bei einem unserer letzten Interviewgespräche zu diesem Buch, als sie ihr ganzes Leben wieder aufgerollt sah, änderte sie, für mich überraschend, ihre Haltung: «Aber, das wäre für mich wunderbar, wenn du etwas erfahren könntest. Das wäre das schönste Geschenk für mich, die beste Beruhigung.»

Viele Stunden im Gespräch sind vergangen, viele Seiten in diesem Buch und einige Jahre, seit ich mich das erste Mal mit neugierigen Fragen an meine Großmutter wandte. «Wenn man stirbt, dann weiß kein Mensch, daß man gelebt hat. Da ist kein Interesse mehr, wen interessiert denn schon die Vergangenheit, das war doch alles so arm», urteilte sie damals. Als ich mich dann entschloß, die Geschichte weiterzuerzählen, hatte sie nur ironische Bemerkungen dazu: «Ich hoffe du hast viel Erfolg mit dem Leben deiner Großmutter!» Jetzt, kurz vor dem Abschluß, ist alles ganz anders. «Das is alles wert gewesen, was ich mitgemacht hab, daß ich so a Familie gekriegt hab. Der Jakob, mein Mann, was hätte er für a Freud gehabt!» urteilt sie. Lange Zeit hatte sie behauptet, sie habe keine Verwendung für ihre Erinnerungen. Mit diesem Buch habe ich ihr gezeigt, daß es dafür reichlich Verwendung gibt. «Ich hab a große Freud damit», erzählt sie mir. Sie will unbedingt noch lange genug leben, um es zu erleben. Die Vergangenheit hat für sie Sinn bekommen.

Ihren Sinn für die Realitäten der Gegenwart hat sie dabei nicht verloren:

«Ich hab meine Zeit schon abgelebt. Ich hab alles erlebt, alles überlebt, fertig, ich kann schon sterben. Ich bin nicht reich, aber ich bin nicht arm. Was ich hab, hab ich genug, ich brauch nicht mehr. Ich krieg eine ganz normale österreichische Pension. Ich hab zwanzig Jahre da gearbeitet, Steuern gezahlt, Versicherung und alles. Wann ich nicht mehr leb, brauchen sie keine Pension mehr schicken. Ich brauch mir keine Sorgen machen. Ich hab schon den Grund am Friedhof. Der Friedhof ist schon ganz voll, aber ich habe meinen Platz. Mein Platz ist bezahlt. Ich hab mir vorgenommen, das will ich alles beim Leben machen, damit ich mit einem ruhigen Gewissen sterben kann. Ich hab überhaupt keine Angst vor dem Sterben. Schließlich und endlich, man kann nicht ewig leben. Ein Mensch muß damit rechnen.»

Anhang

Familienbeziehungen

„auf der österreichischen Seite“

- Tochter
  - Chaim Noah „Der Juwelier“
    - 2 Töchter
- „Der alte Melamed“ Wolfzahn in Tarnopol, Galizien ∞ Malke
  - Ruchel ∞ Kahane „Der Kalachhändler“
    - „Der Kommunist“
    - Sohn
  - Nuchem „Der Kurzwarenhändler“
  - Pinkas „Der junge Melamed“ ∞ Chaje

„auf der russischen Seite“

- „Der alte Melamed“ Sobel in Ruschin, Rußland ∞ Ester
  - Chaje
  - Ruchel ∞ Lejb Reznik „Der Blecher“
    - Tochter
    - Chinje-Elke
  - Basie ∞ „Der Bauer“
    - 12 Söhne
- „Tante Golde“ in Berditschew

Pinkas ∞ Chaje:

- Elke (Ella) ∞ Jakob Rosenstrauch
  - Oskar
    - Helen Liesl
      - 1 Sohn, Rio, Bras., Wien, Österr.
      - 2 Söhne, Kopenhagen, Dänemark
    - Hazel Elfriede
      - Sohn, Berlin, BRD
  - Franzi
    - David Gaynor
      - 3 Söhne, 3 Töchter, Reading, GB
    - Jacqueline Ann
      - 2 Söhne, Tel Aviv, Israel
  - Edith
    - Peter
      - 2 Töchter, Wien, Österr.
    - Wolfgang
      - 1 Sohn, Wien, Österr.
- Chane (Anna) ∞ Pelc
  - Malke
  - Ester
  - Herschl

Die Schwiegerfamilie

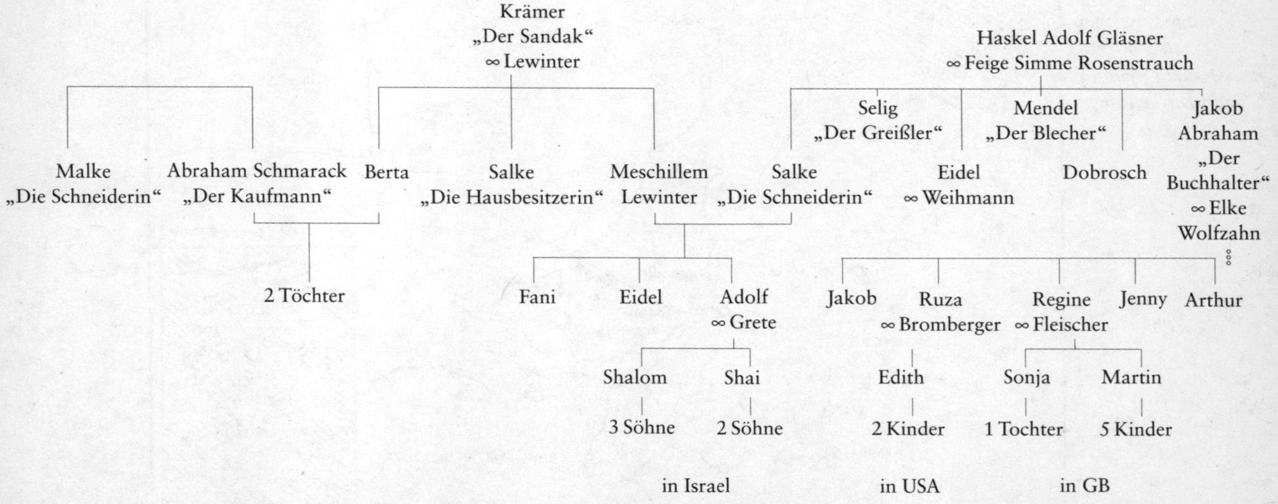

Übersichtskarte

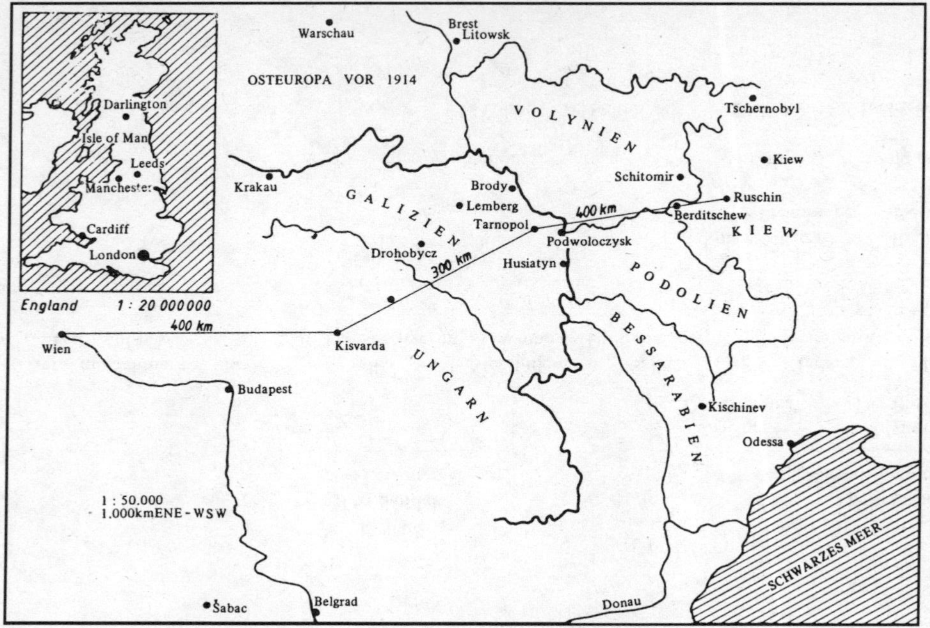

Man hat nicht gebraucht keine Reisegesellschaft…
Der Weg der
Ella Sobel-Berditschewski-Wolfzahn-Rosenstrauch-Rose-Schapira.

Glossar der jiddischen, polnischen, österreichischen und englischen Ausdrücke

Die Phonetik der gesprochenen Sprache der Interviews wurden den Rechtschreibregeln der deutschen Schriftsprache angepaßt, Grammatik und Wortschatz sind authentisch wiedergegeben. Alle Wörter, die vom Schriftsprachenstandard abweichen beziehungsweise in mehreren Varianten vorkommen, wurden in dieses Glossar aufgenommen, Variationen von Orts- und Personennamen – wie Ruschin, Rizhin oder Salka, Salke – wurden im Text unverändert belassen.

advertisen – von englisch „to advertise“: Reklame machen
Agent – englisch: Vertreter, Makler
Air raid – englisch: Luftangriff
Ajnikl – jiddisch: Enkel
alef-bais – jiddisch: die ersten Buchstaben des Alphabets
ambitious – englisch: ehrgeizig
appreciate – englisch: schätzen, würdigen
Bar Mitzwe – von hebräisch „bar mitsva“: derjenige, der zum Ende des 13. Lebensjahres zur Einhaltung der Gebote der jüdischen Religion verpflichtet wird; bezeichnet den Übergang zum Mitglied der Gemeinde mit den daraus folgenden rituellen Pflichten und Rechten
Basement – englisch: Keller
Beckische – jiddisch von polnisch „bekiesza“; im Polnischen ein pelzgefütterter oder -verbrämter langer, faltenreicher Herrenmantel; im Jiddischen ein Kaftan oder langer Übermantel
behaven – von englisch „to behave“: sich benehmen
Besmedresch – jiddisch, von hebräisch „bet ha-midresh“: Lehrhaus, Bethaus
Blecher – jiddisch: Kesselflicker, Blechschmied
Boarding School – englisch: Internat, eine in England übliche Schulform
Boyfriend – englisch: hier Verehrer
Bridesmaid – englisch: Brautjungfer
Bris – jiddisch: „Bund“, Beschneidungsfeier
Bua, Bub – österreichisch: Junge
Chanuka – hebräisch: „Einweihung“, Makkabäerfest, jüdisches Lichtfest im Dezember

Chassid – hebräisch: „Frommer“, Anhänger des Chassidismus, einer volkstümlichen Massenbewegung im osteuropäischen Judentum, in der die innere Verschmelzung mit Gott mehr zählt als das Talmudstudium. An der Spitze der Gemeinde steht der *Rebbe*

Chawer – hebräisch, jiddisch: Freund, hier Freundin

Cheder – hebräisch: „Zimmer“, Talmudschule für Kleinkinder

Chejder – lokalmundartliche Form von *Cheder*

Chussid – lokalmundartliche Form von *Chassid*

dawenen – jiddisch: beten

Devotion – englisch: Hingabe, Aufopferung

Day Nursery – englisch: Kinderzimmer

durchwurschteln – österreichisch: sich mit Mühe durchbringen

Education – englisch: Erziehung

Erev – hebräisch: Abend, Vorabend

Finisher – von englisch „to finish“: jemand, der etwas fertig macht

Gabbe – jiddisch von hebräisch „gabaj“: Verwalter oder Geschäftsführer eines Rabbiners

Galach – hebräisch: Pfarrer

gesettelt – von englisch „to settle“: sich niederlassen

Home Office – englisch: britisches Außenministerium

House Maid – englisch: Stubenmädchen

hubn, hut – lokalmundartlich jiddisch: haben, hat

Inch – 2,54 cm

Jingal – jiddisch: Junge, Bub

Jom Kippur – hebräisch: der Versöhnungstag, der bedeutendste Feiertag im jüdischen Jahresablauf

Kapeletsch – jiddisch, von polnisch „kapelusz“: Hut

Kasten – österreichisch: Schrank

kim! – lokalmundartlich jiddisch: komm!

Kop – jiddisch: Kopf

koscher – hebräisch: rituell rein; nach rituellen Vorschriften zubereitete Mahlzeiten

Kracherl – österreichisch: Limonade

Lodger – englisch: Untermieter

Mazel – jiddisch von hebräisch „mazal“: Glück

Measure – englisch: Maß

Melamed – hebräisch: Lehrer in der traditionellen jüdischen Grundschule

Mikwe – hebräisch: rituelles Tauchbad; für Frauen nach Beendigung jeder Periode vorgeschrieben

miserable – englisch: elend, mies

Mitzwe – von hebräisch „mitsva“: „Gebot“, eine gute Tat

Mohel – hebräisch: Beschneider
Mojl – lokalmundartliche Form von *Mohel*
murder – englisch: Mord
nebbich – deutsch von jiddisch „nebekh“, möglicherweise von tschechisch „ne bych“: leider!; der oder die Arme!
occasional – englisch: gelegentlich
Office – englisch: Büro
Packl – österreichisch: Paket
Parlour – englisch: Wohnzimmer
Pejes – jiddisch von hebräisch „pe'ot“: Schläfenlocken der orthodoxen Juden
Permission – englisch: Erlaubnis
Permit – englisch: Genehmigung
Pessach – hebräisch, jiddisch: jüdisches Fest zur Erinnerung an den Auszug aus Ägypten, das ungefähr gleichzeitig mit Ostern fällt, s. auch *Seder*
Pickles – englisch: mariniertes Kleingemüse
Pogrom – russisch: Zerstörung, Verfolgung, besonders Judenverfolgung
Postmann – von englisch: Briefträger
Post Office – englisch: Postamt
pretended – von englisch: „to pretend“: so tun als ob
Psyche – österreichisch: Frisiertoilette mit Spiegel
Rebbe – jiddisch: chassidischer Rabbiner, Wunderrabbi, s. auch *Zaddik*
Rebbezen – Frau eines Rabbiners
Reception Room – englisch: Empfangszimmer
Refugee – englisch: Flüchtling
rekommandieren – österreichisch: empfehlen
retired – von englisch: „to retire“: pensioniert
Reverend – englisch: Hochwürden, Priester
Sandak – hebräisch: Pate, der den acht Tage alten Knaben während der Beschneidung hält; *Sandik* – lokalmundartliche Form
Schabbes – jiddisch von hebräisch „schabat“: Sabbat, Ruhetag, an dem nicht gearbeitet werden darf; es gelten strenge Regeln für die Arbeiten, die verboten sind
Schejtl – jiddisch: Perücke der verheirateten orthodoxen Frauen
Schtetl – jiddisch: Kleinstadt, Städtel
Schtrajml – jiddisch: mit Zobel- oder Nerzstreifen versehene Mütze, von orthodoxen Ostjuden an Feiertagen getragen
Schtraml – lokalmundartlich von *Schtrajml*
Schul – jiddisch: Synagoge, Bethaus; *Schil* – lokalmundartliche Form
Scullery – englisch: Grobküche, Abwaschküche

Seder – hebräisch: „Ordnung", Mahlzeit am ersten Pessachabend mit feierlichem, rituellem Ablauf und Lesen der Pessacherzählung im Familienkreis

Sewing Maid – englisch: Hausschneiderin

Shelter – englisch: Obdach, Schutz; während des Krieges Luftschutzkeller

Solicitor – englisch: Rechtsanwalt

suffern – von englisch „to suffer": ertragen, dulden, leiden

Taylor – englisch: Herrenschneider

Tempel – deutsches Wort für *Schul*: liberale Synagoge

Teppelach – jiddisch: Töpfe

Tojre – jiddische Form von hebräisch „tora": Pentateuch, die fünf Bücher Mose

trejfe – lokalmundartlich jiddisch für hebräisch „trefa": „zerrissen", unrein, nicht *koscher*; im übertragenen Sinn: nach der religiösen Praxis unzulässig

Tröpferlbad – österreichisch (besonders in Wien): öffentliche Badeanstalt mit Brause- oder Wannenbad

Tug – lokalmundartlich jiddisch: Tag

Ulica – polnisch: Straße

Wabal – lokalmundartlich jiddisch von deutsch „Weib": Frau

Watsche – österreichisch: Ohrfeige

Wholesale – englisch: en gros, Grossist

Wischniak – von polnisch „Wiśnia" = Kirsche: Kirschensaft, Weichselsaft; in Polen statt Zucker und Zitrone im Tee getrunken

Yard – 91,44 cm

Zaddik – hebräisch: „der Gerechte"; charismatischer Prediger, der in mystischer Verbindung zu Gott steht, Wunder wirkt und Scharen von Anhängern um sich sammelt. Meist direkter Nachkomme des ersten chassidischen Laienpredigers, benannt nach dem Ort seines Hofes, z. B. „der Rizhiner"; „der Chuschtschatener".

Zures – lokalmundartlich jiddisch von hebräisch „tsara": Sorgen, Kummer

zuständig nach – österreichisch: heimatberechtigt in

Zwischenbrücken –Teil des zwanzigsten Wiener Gemeindebezirkes, zwischen den beiden Donaubrücken

Literaturhinweise

Allgemeine Nachschlagewerke und Literatur zur österreichischen, russischen, polnischen und jüdischen Geschichte sowie sprachwissenschaftliche, ethnographische, historische, religionshistorische Handbücher sind nur gesondert aufgeführt, sofern sie im Buch erwähnt oder zitiert werden.

Andreevskij, I. E., Red.: Brokgauz i Efron. Enciklopediceskij slovar', Petersburg 1891–1899.

Astrow, W., Slepkow A., Thomas J., Hrsg.: Illustrierte Geschichte der russischen Revolution 1917. Berlin 1928, Reprint Frankfurt 1970.

Babel, I.: Die Geschichten des Isaak Babel. München 1961

Baron, S. W.: The Russian Jew Under Tsars and Soviets. New York und London 1976.

Beckermann, R., Hrsg.: Die Mazzesinsel. Juden in der Wiener Leopoldstadt 1918–1938. Wien 1984.

Buber, M.: Die Erzählungen der Chassidim. Zürich 1949.

Bunzl, J., Bernd, M.: Antisemitismus in Österreich. Sozialhistorische und soziologische Studien. Innsbruck 1983.

Chappell, C.: Island of Barbed Wire. London 1984.

Das jüdische Echo. Zeitschrift für Kultur und Politik. Wien. Nr. XXXIII, 1984; XXXVI, 1987.

Davies, N.: God's playground. A History of Poland. Volume II. Oxford 1981.

Encyclopaedia Judaica. 16 Bde., Jerusalem 1971/72.

Fraenkel, J.: The Jews of Austria. Essays on their Life, History and Destruction. London 1967.

Fuchs, A.: Geistige Strömungen in Österreich 1867–1918. Nachdruck der Ausgabe von 1949. Wien 1984.

Genée, P.: Wiener Synagogen 1825–1938. Wien 1987.

Gieysztor, A., Kieniewicz, S. u. a.: History of Poland. Warschau 1968.

Gilbert, M.: Soviet History Atlas. 1972.

Gilbert, M.: Imperial Russian History Atlas. London 1978.

Gilbert, M.: Jewish History Atlas. London ^{3}1985.

Gilbert, M.: The Holocaust. The Jewish Tragedy. London 1986.

Gordon, S.: Home revisited, in: Places Dear to my Heart. Sketches about the Life of Jewish People. Moskau 1983.

Guttry, A. v.: Galizien. Land und Leute. München und Leipzig 1916.
Hunczak, T., Hrsg.: The Ukraine, 1917–1921. A Study in Revolution. Harvard 1977.
Krag, H., Warburg, M., Red.: Amol iz geven. Der var engang Jødisk kultur og historie i det gamle Østeuropa. Kopenhagen 1986.
Lahav, E.: Wer ist schuld an der Tragödie des Kladovo-Transportes?, in: Die Gemeinde. Wien, 28. April 1982.
Louis, V. J.: The Complete Guide to the Soviet Union. London 1980.
Maimann, H.: Politik im Wartesaal. Österreichische Exilpolitik in Grossbritannien 1938 bis 1945. Wien 1975.
Markovits, A. S., Sysyn, F. E., Hrsg.: Nationbuilding and the Politics of Nationalism. Essays on Austrian Galicia. Cambridge, Mass. 1982.
Moser, J.: Ostjüdische Flüchtlinge im Wien des Ersten Weltkrieges, in: Das jüdische Echo. Vol. XXXIII. Wien 1984.
Orłowicz, M., Kordys, R.: Illustrierter Führer durch Galizien. Wien und Leipzig 1914.
Pollack, M.: Nach Galizien. Von Chassiden, Huzulen, Polen und Ruthenen. Eine imaginäre Reise durch die verschwundene Welt Ostgaliziens und der Bukowina. Wien 1984.
Pulzer, P. G.: The Rise of Political Antisemitism in Germany and Austria. 1964.
Riedl, J., Hrsg.: Versunkene Welt. Wien 1984.
Roth, J.: Juden auf Wanderschaft. Köln 1976.
Schulman, E.: A History of Jewish Education in the Soviet Union. New York 1971.
Seyfert, M.: Im Niemandsland. Deutsche Exilliteratur in britischer Internierung. Ein unbekanntes Kapitel der Kulturgeschichte des Zweiten Weltkriegs. Berlin 1984.
Sperber, M.: Die Wasserträger Gottes. All das Vergangene... Wien 1974.
Spira, L.: Feindbild „Jud“, Wien 1981.
Thieberger, F., Hrsg.: Jüdisches Fest. Jüdischer Brauch. Nachdruck der im Jahre 1937 von den nationalsozialistischen Behörden beschlagnahmten und vernichteten Erstausgabe. Königstein 1985.
Thomas, J., Hrsg.: Illustrierte Geschichte des Bürgerkrieges in Russland. Berlin 1929. Reprint 1971.
Tschechov, A.: Drei Schwestern, in: Dramen. Hamburg 1960.
Verdenskrigen, Bde. I, III u. IV, af H. Jenssen-Tusch, H. Ewald, m. fl. København og Kristiania 1917.
De Vries Mzn., S. Ph.: Jüdische Riten und Symbole. Wiesbaden 1981.
Weinzierl, E., Skalnik, K.: Österreich 1918–1938. Geschichte der Ersten Republik. Bd. 1 und 2. Graz 1983.

Wouk, H.: Das ist mein Gott. Glaube und Leben der Juden. Hamburg 1984
Wurzbach, C. v.: Biographisches Lexikon des Kaiserthums Oesterreich, enthaltend die Lebensskizzen der denkwürdigen Personen, welche seit 1750 in den österreichischen Kronländern geboren wurden oder darin gelebt und gewirkt haben. 22. Teil. Wien 1870.

Danksagungen

Der größte Dank gebührt natürlich meiner Großmutter. Sie hat mir im Laufe der letzten zehn Jahre – anfangs in sporadischen Gesprächen, ab 1983 in systematischen Tonbandinterviews – mit viel Geduld und Gründlichkeit Unmengen von Fragen beantwortet und mir bei der Rekonstruktion ihrer Lebensgeschichte tatkräftigst geholfen. Sie hat diese Arbeit mit dem gleichen Ernst betrieben, mit dem sie einst ihre Schneiderei führte.

Zahlreiche andere Personen haben mir bei der Verwirklichung dieses Buches geholfen: Mitarbeiter des Dokumentationsarchivs des österreichischen Widerstandes, der Bildarchive der österreichischen Nationalbibliothek und der Königlichen Bibliothek in Kopenhagen, des Wiener Stadt- und Landesarchivs sowie der Landesinnung Wien der Kleidermacher haben mir mit Wohlwollen und Hilfsbereitschaft den Zugang zu Materialien ermöglicht, die mir die Arbeit an diesem Buch wesentlich erleichtert haben.

Dieses Buch wäre auch ohne die Hilfe von Freunden, Kollegen und Familienmitgliedern nicht möglich gewesen, die mir laufend Mut zusprachen und gute Ideen einflüsterten. Ihnen allen möchte ich an dieser Stelle pauschal meinen Dank aussprechen.

Persönliche Worte des Dankes richte ich an: Hofrat Kurt Hacker, der mir sein enzyklopädisches Wissen über die Verfolgungen im Wien des „Anschlusses“ zufließen ließ, an Dr. Martin Pollack, der mich freizügig über galizisches Bildmaterial beriet, an meinen Sohn, Mag. Michael Desser, und den Wiener Historiker Dr. Geert Kahl, die für mich recherchierten, an die Herausgeber der Reihe, Univ.-Prof. Dr. Michael Mitterauer und Mag. Peter Paul Kloß, und an Dr. Peter Rauch vom Böhlau-Verlag, die an das Buch glaubten, an meinen Cousin, Mag. Peter Menasse, der mir mit besonderem Enthusiasmus und Zeitaufwand bei der Auftreibung von Dokumenten in Wiener Ämtern beistand, sowie an meine Schwester, Dr. Hazel Rosenstrauch in Berlin, von deren tiefem Verständnis für die deutsche Sprache und Kultur ich wiederholt zehren durfte. Stellvertretend für alle Kollegen an der Universität Kopenhagen, die mir Hilfe leisteten, danke ich den Dozenten Margarethe und Poul Balle-Petersen für ethnographische Beratung und Jan Katlev, Ph. D. für seine entscheidende Hilfe mit der jiddischen und der hebräischen Sprache. Die drei Kinder meiner Großmutter – Komm.-Rat Oskar Rosenstrauch, Wien, Franzi Ball, London, und Edith Wein, Wien – stellten sich für ergänzende Interviews zur Verfügung, halfen mir bei der Materialbeschaffung und ermöglichten mir wiederholte Forschungsreisen und Aufenthalte in London und Wien. Meine drei Söhne, Michael, Jan und Thomas, leisteten mir unentbehrlichen technischen Beistand mit dem Computer und dem Tonbandgerät und nahmen mit erstaunlichem Interesse und Verständnis Anteil an meiner Arbeit. Ihnen allen bin ich großen Dank schuldig. Vier Personen lasen das Manuskript noch vor dem Abschluß und schlugen wesentliche Verbesserungen vor. Leider konnte ich nicht allen Verbesserungsvorschlägen entgegenkommen. Die Verantwortung für das Resultat obliegt deshalb mir allein. Nochmals: Vielen Dank!

Nahaufnahmen

Carola Stern
In den Netzen der Erinnerung
Lebensgeschichten zweier Menschen
(rororo 12227)
«Wie konnte man, als Deutscher, Nazi oder Kommunist – also mit (vielleicht) treuestem Herzen einem verbrecherischen System dienen? – Wie schwer sich zwei höchstgebildete, gewissenhafte Menschen mit der Bewältigung der Vergangenheit tun, das hat Carola Stern nun jedermann klargemacht. Nicht nur deshalb: ein liebenswertes Buch.»
Gerd Bucerius, Die Zeit

Ernst Toller
Eine Jugend in Deutschland
(rororo 4178)
Als begeisterter Freiwilliger zog er in den Ersten Weltkrieg und als humanitärer Pazifist kehrte er heim. Er schlug sich auf die Seite der Aufständischen und erkannte früh die tragische Grenze der Revolution. Das wahrscheinlich bedeutendste Werk des expressionistischen Autors Ernst Toller, der in Dichtung und Politik keinen unversöhnlichen Gegensatz sah.

Edith Piaf
Mein Leben
(rororo 859)
Die Autobiographie der Piaf, deren Stimme für die Welt zum Inbegriff des französischen Chansons wurde. Die Beichte eines Lebens, gezeichnet von Alkohol, Rauschgift und Liebe. Der Abschied eines großen Herzens – mit dem Fazit: ‹Je ne regrette rien.›

rororo Literatur

Anja Lundholm
Das Höllentor *Bericht einer Überlebenden. Mit einem Nachwort von Eva Demski*
(rororo 12873 und als gebundene Ausgabe)
Anja Lundholm kam 1944 ins Frauen–KZ Ravensbrück. Als eine von wenigen überlebte sie das Lager, in dem die Nazis Zehntausende weiblicher Gefangener zusammengepfercht hatten.
«Anja Lundholm erklärt nicht; sie kommentiert nicht. Sie entschuldigt nicht. Sie schreibt, was geschah.»
Die Zeit

3297/2

Lebensläufe

Charlotte Chandler
Ich, Fellini *Mit einem Vorwort von Billy Wilder*
(rororo 13774)
«Ich habe nur ein Leben, und das habe ich dir erzählt. Dies ist mein Testament, denn mehr habe ich nicht zu sagen.» *F. Fellini zu C. Chandler*

Werner Fuld
Walter Benjamin
(rororo 12675)
«Ein Versuch, der angesichts der Bedeutung Benjamins wohl längst überfällig war.» *Die Presse, Wien*

Bernard Gavoty
Chopin
(rororo 12706)
«Ich selbst bin immer noch Pole genug, um gegen Chopin den Rest der Musik hinzugeben.» *Friedrich Nietzsche*

Virginia Harrard
Sieben Jahre Fülle *Leben mit Chagall*
(rororo 12364)

Ulrike Leonhardt
Prinz von Baden genannt Kaspar Hauser
(rororo 13039)
«Ulrike Leonhardt scheint das Geheimnis um Kaspar Hauser endgültig gelüftet zu haben.»
Süddeutsche Zeitung

Linde Salber
Tausendundeine Frau *Die Geschichte der Anaïs Nin*
(rororo 13921)
«Mit leiser Ironie, einem lebhaften Temperament und großem analytischen Feingefühl.» *FAZ*

rororo Biographien

Donald A. Prater
Ein klingendes Glas. Das Leben Rainer Maria Rilkes
(rororo 12497)
In diesem Buch wird «ein Mosaik zusammengetragen, das als die genaueste Biographie gelten kann, die heute über Rilke zu schreiben möglich ist». *Neue Zürcher Zeitung*

Carola Stern
Der Text meines Herzens *Das Leben der Rahel Varnhagen*
(rororo 13901)
«Ich möchte mir Flügel wünschen» *Das Leben der Dorothea Schlegel*
336 Seiten. Gebunden

«Das Leben eines jeden Menschen ist ein von Gotteshand geschriebenes Märchen.»
Hans Christian Andersen

3285/4

Lyrik

«Wer Lyrik schreibt, ist verrückt!»
Peter Rühmkorf

Mascha Kaléko
Das lyrische Stenogrammheft
(rororo 1784)
«Nun, da du fort bist, scheint mir alles trübe.
Hätt' ich's geahnt, ich ließe dich nicht gehn.
Was wir vermissen, scheint uns immer schön.
Woran das liegen mag –. Ist das nun Liebe?»

Mascha Kaléko
Verse für Zeitgenossen
(rororo 4659)
«Ich bin, vor jenen ‹tausend Jahren›,
Viel in der Welt herumgefahren.
Schön war die Fremde; doch Ersatz.
Mein Heimweh hieß Savignyplatz.»

Peter Rühmkorf
Haltbar bis Ende 1999 *Gedichte*
(rororo 12115)
«Ein plebejischer Poet ist er, ein handfester Spaßmacher, ein Repräsentant und Verwalter des literarischen Untergrunds, ein Dichter der Gasse und der Masse, einer, der die Lyrik auf den Markt gebracht hat. Nur: er ist zugleich ein feinsinniger Ästhet, ein raffinierter Schöngeist, ein exquisiter Ironiker.» Marcel Reich-Ranicki

Peter Rühmkorf
Außer der Liebe nichts
Liebesgedichte
(rororo 5680)
«Dichter! schmeißt Eure Lyrik weg, der Rühmkorf kann's besser!» Jürgen Lodemann im Südwestfunk

rororo Literatur

Von Peter Rühmkorf sind außerdem lieferbar:

Der Hüter des Misthaufens
Aufgeklärte Märchen
(rororo 5841)

Die Jahre die Ihr kennt *Anfälle und Erinnerungen*
(rororo 5804)

Über das Volksvermögen
Exkurse in den literarischen Untergrund
(rororo 1180)

Strömungslehre I Poesie
(das neue buch 107)

Dreizehn deutsche Dichter
208 Seiten. Broschiert.

Einmalig wie wir alle *Gedichte*
168 Seiten. Broschiert.

Wer Lyrik schreibt, ist verrückt!
Gesammelte Gedichte
140 Seiten. Kartoniert.

Peter Rühmkorf / Michael Naura / Wolfgang Schlüter
Phönix voran! Mit Ton-Cassette
128 Seiten. Kartoniert.

3289/1

Romane und Erzählungen

Peter Høeg
Fräulein Smillas Gespür für Schnee *Roman*
(rororo 13599)
Fräulein Smilla verfolgt die Spuren eines Mörders bis ins Eismeer Grönlands. «Eine aberwitzige Verbindung von Thriller und hoher Literatur.» *Der Spiegel*

Denis Belloc
Suzanne *Roman*
(rororo 13797)
«Suzanne» ist die Geschichte von Bellocs Mutter: Das Schicksal eines Armeleutekinds in schlechten Zeiten. «Denis Belloc ist der Shootingstar der französischen Literatur.» *Tempo*

Ray Loriga
Vom Himmel gefallen *Roman*
(rororo 13903)
Ray Loriga, Jahrgang 1967, lebt in Madrid. In seinem mit Bitterkeit und schwarzem Humor getränkten Roman verfolgen Polizei und Medienmeute einen jugendlichen Killer quer durch Spanien.

Andre Dubus
Ehebruch und anderes *Vier Novellen*
(rororo 13744)
Stimmen vom Mond *Roman*
(rororo 12446)
Sie leben jetzt in Texas *Short Stories*
(rororo 13925)
Zehn klassische Short Stories von Andre Dubus über Menschen, die versuchen, mit aufrechtem Gang das Leben zu bewältigen. «Seine Geschichten sind bewegend und tief empfunden.» *John Irving*

Daniel Douglas Wissmann
Dillingers Luftschiff *Roman*
(rororo 13923)
«Dillingers Luftschiff» ist eine romantische Liebesgeschichte und zugleich eine verrückte Komödie voll schrägem Witz, unbekümmert um die Grenzen zwischen Literatur und Unterhaltung.

Michael Frayn
Sonnenlandung *Roman*
(rororo 13920)
«Spritziges, fesselndes, zum Nachdenken anregendes Lesefutter. Kaum ein Roman macht so viel Spaß wie dieser.» *The Times*

Radek Knapp
Franio *Erzählungen*
(rororo 13760)
Die Erzählungen von Radek Knapp wurden als bestes Debüt des Jahres mit dem «aspekte»-Literaturpreis des ZDF ausgezeichnet. «Dieser Autor hat Witz, Pfiff, Humor!»
Marcel Reich-Ranicki

rororo Literatur

3287/3